Gotthold Ephraim Lessing

~

NATHAN DER WEISE

Ringparabel

„Es ist die Zeit des dritten Kreuzzuges (1189 - 1192) während eines Waffenstillstands in Jerusalem: Der Jude Nathan erfährt, dass seine Pflegetochter Recha ausgerechnet von eine christlichen Tempelritter aus seinem brennenden Haus gerettet wurde. Der Ritter seinerseits wurde bei früherer Gelegenheit ausgerechnet von einem muslimischen Sultan gerettet. Als der Sultan schließlich Nathan mit einer List auf die Probe stellen möchte, erzählt der ihm ein Märchen, das bis heute als Ringparabel weltberühmt ist.

Ob dieses historische Stück, welches unangefochten zu den großen Parabeln der Literaturgeschichte zählt, uns wohl bis heute etwas zu sagen hat?“ *Redaktion Gröls-Verlag* (Edition I Werke der Weltliteratur)

Redaktionelle Hinweise und Impressum

www.groels.de

Informieren Sie sich dort auch gerne über die anderen Werke aus unserer

Edition I Werke der Weltliteratur

Sie werden es mit 98,110 %iger Wahrscheinlichkeit nicht bereuen.

Die Deutsche Nationalbibliothek verzeichnet dieses Werk in der Deutschen Nationalbibliografie.

Verleger: Hermann-Josef Gröls, Poelchaukamp 20, 22301 Hamburg.

Externer Dienstleister für Distribution und Herstellung: BoD, In de Tarpen 42, 22848 Norderstedt

NATHAN DER WEISE

Ein Dramatisches Gedicht, in fünf Aufzügen

Introite, nam et heic Dii funt!—Apud Gellium

Personen

Sultan Saladin
Sittah, dessen Schwester
Nathan, ein reicher Jude in Jerusalem
Recha, dessen angenommene Tochter
Daja, eine Christin, aber in dem Hause des Juden,
als Gesellschafterin der Recha
Ein junger Tempelherr
Ein Derwisch
Der Patriarch von Jerusalem
Ein Klosterbruder
Ein Emir
nebst verschiednen Mamelucken des Saladin

Die Szene ist in Jerusalem

Erster Aufzug

Erster Auftritt

(Szene: Flur in Nathans Hause.)

Nathan von der Reise kommend. Daja ihm entgegen.

Daja.
Er ist es! Nathan!—Gott sei ewig Dank,
Daß Ihr doch endlich einmal wiederkommt.

Nathan.
Ja, Daja; Gott sei Dank! Doch warum endlich?
Hab ich denn eher wiederkommen wollen?
Und wiederkommen können? Babylon
Ist von Jerusalem, wie ich den Weg,
Seitab bald rechts, bald links, zu nehmen bin
Genötigt worden, gut zweihundert Meilen;
Und Schulden einkassieren, ist gewiß
Auch kein Geschäft, das merklich födert, das
So von der Hand sich schlagen läßt.

Daja. O Nathan,
Wie elend, elend hättet Ihr indes
Hier werden können! Euer Haus...

Nathan. Das brannte.
So hab ich schon vernommen.—Gebe Gott,
Daß ich nur alles schon vernommen habe!

Daja.
Und wäre leicht von Grund aus abgebrannt.

Nathan.
Dann, Daja, hätten wir ein neues uns
Gebaut; und ein bequemeres.

Daja. Schon wahr!—
Doch Recha wär' bei einem Haare mit
Verbrannt.

Nathan. Verbrannt? Wer? meine Recha? sie?—
Das hab ich nicht gehört.—Nun dann! So hätte
Ich keines Hauses mehr bedurft.—Verbrannt
Bei einem Haare!—Ha! sie ist es wohl!
Ist wirklich wohl verbrannt!—Sag nur heraus!
Heraus nur!—Töte mich: und martre mich
Nicht länger.—ja, sie ist verbrannt.

Daja. Wenn sie
Es wäre, würdet Ihr von mir es hören?

Nathan.
Warum erschreckest du mich denn?—O Recha!
O meine Recha!

Daja. Eure? Eure Recha?

Nathan.
Wenn ich mich wieder je entwöhnen müßte,
Dies Kind mein Kind zu nennen!

Daja. Nennt Ihr alles,
Was Ihr besitzt, mit ebensoviel Rechte
Das Eure?

Nathan. Nichts mit größerm! Alles, was
Ich sonst besitze, hat Natur und Glück
Mir zugeteilt. Dies Eigentum allein
Dank ich der Tugend.

Daja. O wie teuer laßt
Ihr Eure Güte, Nathan, mich bezahlen!
Wenn Güt', in solcher Absicht ausgeübt,
Noch Güte heißen kann!

Nathan. In solcher Absicht?
In welcher?

Daja. Mein Gewissen...

Nathan. Daja, laß
Vor allen Dingen dir erzählen...

Daja. Mein
Gewissen, sag ich...

Nathan. Was in Babylon
Für einen schönen Stoff ich dir gekauft.
So reich, und mit Geschmack so reich! Ich bringe
Für Recha selbst kaum einen schönern mit.

Daja.
Was hilft's? Denn mein Gewissen, muß ich Euch
Nur sagen, läßt sich länger nicht betäuben.

Nathan.
Und wie die Spangen, wie die Ohrgehenke,
Wie Ring und Kette dir gefallen werden,
Die in Damaskus ich dir ausgesucht:
Verlanget mich zu sehn.

Daja. So seid Ihr nun!
Wenn Ihr nur schenken könnt! nur schenken könnt!

Nathan.
Nimm du so gern, als ich dir geb:—und schweig!

Daja.
Und schweig! Wer zweifelt, Nathan, daß Ihr nicht
Die Ehrlichkeit, die Großmut selber seid?
Und doch...

Nathan. Doch bin ich nur ein Jude.—Gelt,
Das willst du sagen?

Daja. Was ich sagen will,
Das wißt Ihr besser.

Nathan. Nun so schweig!

Daja. Ich schweige.
Was Sträfliches vor Gott hierbei geschieht,
Und ich nicht hindern kann, nicht ändern kann,—
Nicht kann,—komm' über Euch!

Nathan. Komm' über mich!—
Wo aber ist sie denn? wo bleibt sie?—Daja,
Wenn du mich hintergehst!—Weiß sie es denn,
Daß ich gekommen bin?

Daja. Das frag ich Euch!
Noch zittert ihr der Schreck durch jede Nerve.
Noch malet Feuer ihre Phantasie
Zu allem, was sie malt. Im Schlafe wacht,
Im Wachen schläft ihr Geist: bald weniger
Als Tier, bald mehr als Engel.

Nathan. Armes Kind!
Was sind wir Menschen!

Daja. Diesen Morgen lag
Sie lange mit verschloßnem Aug', und war
Wie tot. Schnell fuhr sie auf, und rief: "Horch! horch!
Da kommen die Kamele meines Vaters!
Horch! seine sanfte Stimme selbst!"—Indem
Brach sich ihr Auge wieder: und ihr Haupt,
Dem seines Armes Stütze sich entzog,
Stürzt auf das Kissen.—Ich, zur Pfort' hinaus!
Und sieh: da kommt Ihr wahrlich! kommt Ihr wahrlich!—
Was Wunder! ihre ganze Seele war
Die Zeit her nur bei Euch—und ihm.—

Nathan. Bei ihm?
Bei welchem Ihm?

Daja. Bei ihm, der aus dem Feuer
Sie rettete.

Nathan. Wer war das? wer?—Wo ist er?
Wer rettete mir meine Recha? wer?

Daja.
Ein junger Tempelherr, den, wenig Tage
Zuvor, man hier gefangen eingebracht,
Und Saladin begnadigt hatte.

Nathan. Wie?
Ein Tempelherr, dem Sultan Saladin
Das Leben ließ? Durch ein geringres Wunder
War Recha nicht zu retten? Gott!

Daja. Ohn' ihn,
Der seinen unvermuteten Gewinst
Frisch wieder wagte, war es aus mit ihr.

Nathan.
Wo ist er, Daja, dieser edle Mann?—
Wo ist er? Führe mich zu seinen Füßen.
Ihr gabt ihm doch vors erste, was an Schätzen
Ich euch gelassen hatte? gabt ihm alles?
Verspracht ihm mehr? weit mehr?

Daja. Wie konnten wir?

Nathan.
Nicht? nicht?

Daja. Er kam, und niemand weiß woher.
Er ging, und niemand weiß wohin.—Ohn' alle
Des Hauses Kundschaft, nur von seinem Ohr
Geleitet, drang, mit vorgespreiztem Mantel,

Er kühn durch Flamm' und Rauch der Stimme nach,
Die uns um Hilfe rief. Schon hielten wir
Ihn für verloren, als aus Rauch und Flamme
Mit eins er vor uns stand, im starken Arm
Empor sie tragend. Kalt und ungerührt
Vom Jauchzen unsers Danks, setzt seine Beute
Er nieder, drängt sich unters Volk und ist
Verschwunden!

Nathan. Nicht auf immer, will ich hoffen.

Daja.
Nachher die ersten Tage sahen wir
Ihn untern Palmen auf und nieder wandeln,
Die dort des Auferstandnen Grab umschatten.
Ich nahte mich ihm mit Entzücken, dankte,
Erhob, entbot, beschwor,—nur einmal noch
Die fromme Kreatur zu sehen, die
Nicht ruhen könne, bis sie ihren Dank
Zu seinen Füßen ausgeweinet.

Nathan. Nun?

Daja.
Umsonst! Er war zu unsrer Bitte taub;
Und goß so bittern Spott auf mich besonders...

Nathan. Bis dadurch abgeschreckt...

Daja. Nichts weniger!
Ich trat ihn je den Tag von neuem an;
Ließ jeden Tag von neuem mich verhöhnen.
Was litt ich nicht von ihm! Was hätt' ich nicht
Noch gern ertragen!—Aber lange schon
Kommt er nicht mehr, die Palmen zu besuchen,
Die unsers Auferstandnen Grab umschatten;

11

Und niemand weiß, wo er geblieben ist.
Ihr staunt? Ihr sinnt?

Nathan. Ich überdenke mir,
Was das auf einen Geist, wie Rechas, wohl
Für Eindruck machen muß. Sich so verschmäht
Von dem zu finden, den man hochzuschätzen
Sich so gezwungen fühlt; so weggestoßen,
Und doch so angezogen werden;—Traun,
Da müssen Herz und Kopf sich lange zanken,
Ob Menschenhaß, ob Schwermut siegen soll.
Oft siegt auch keines; und die Phantasie,
Die in den Streit sich mengt, macht Schwärmer,
Bei welchen bald der Kopf das Herz, und bald
Das Herz den Kopf muß spielen.—Schlimmer Tausch!—
Das letztere, verkenn ich Recha nicht,
Ist Rechas Fall: sie schwärmt.

Daja. Allein so fromm,
So liebenswürdig!

Nathan. Ist doch auch geschwärmt!

Daja.
Vornehmlich eine—Grille, wenn Ihr wollt,
Ist ihr sehr wert. Es sei ihr Tempelherr
Kein irdischer und keines irdischen;
Der Engel einer, deren Schutze sich
Ihr kleines Herz, von Kindheit auf, so gern
Vertrauet glaubte, sei aus seiner Wolke,
In die er sonst verhüllt, auch noch im Feuer,
Um sie geschwebt, mit eins als Tempelherr
Hervorgetreten.—Lächelt nicht!—Wer weiß?
Laßt lächelnd wenigstens ihr einen Wahn,
In dem sich Jud' und Christ und Muselmann
Vereinigen;—so einen süßen Wahn!

Nathan.
Auch mir so süß!—Geh, wackre Daja, geh;
Sieh, was sie macht; ob ich sie sprechen kann.—
Sodann such ich den wilden, launigen
Schutzengel auf. Und wenn ihm noch beliebt,
Hienieden unter uns zu wallen; noch
Beliebt, so ungesittet Ritterschaft
Zu treiben: find ich ihn gewiß; und bring Ihn her.

Daja.
Ihr unternehmet viel.

Nathan. Macht dann
Der süße Wahn der süßern Wahrheit Platz:—
Denn, Daja, glaube mir; dem Menschen ist
Ein Mensch noch immer lieber, als ein Engel—
So wirst du doch auf mich, auf mich nicht zürnen,
Die Engelschwärmerin geheilt zu sehn?

Daja.
Ihr seid so gut, und seid zugleich so schlimm!
Ich geh!—Doch hört! doch seht!—Da kommt sie selbst.

Zweiter Auftritt

Recha und die Vorigen.

Recha.
So seid Ihr es doch ganz und gar, mein Vater?
Ich glaubt', Ihr hättet Eure Stimme nur
Vorausgeschickt. Wo bleibt Ihr? Was für Berge,
Für Wüsten, was für Ströme trennen uns
Denn noch? Ihr atmet Wand an Wand mit ihr,
Und eilt nicht, Eure Recha zu umarmen?
Die arme Recha, die indes verbrannte!

Fast, fast verbrannte! Fast nur. Schaudert nicht!
Es ist ein garstiger Tod, verbrennen. Oh!

Nathan.
Mein Kind! mein liebes Kind!

Recha. Ihr mußtet über
Den Euphrat, Tigris, Jordan; über—wer
Weiß was für Wasser all?—Wie oft hab ich
Um Euch gezittert, eh' das Feuer mir
So nahe kam! Denn seit das Feuer mir
So nahe kam: dünkt mich im Wasser sterben
Erquickung, Labsal, Rettung,—Doch Ihr seid
Ja nicht ertrunken: ich, ich bin ja nicht
Verbrannt. Wie wollen wir uns freun, und Gott,
Gott loben! Er, er trug Euch und den Nachen
Auf Flügeln seiner unsichtbaren Engel
Die ungetreuen Ström' hinüber. Er,
Er winkte meinem Engel, daß er sichtbar
Auf seinem weißen Fittiche, mich durch
Das Feuer trüge—

Nathan. (Weißem Fittiche!
Ja, ja! der weiße vorgespreizte Mantel
Des Tempelherrn.)

Recha. Er sichtbar, sichtbar mich
Durchs Feuer trüg', von seinem Fittiche
Verweht.—Ich also, ich hab einen Engel
Von Angesicht zu Angesicht gesehn;
Und meinen Engel.

Nathan. Recha wär' es wert;
Und würd' an ihm nichts Schönres sehn, als er
An ihr.

Recha (lächelnd).
Wem schmeichelt Ihr, mein Vater? wem?
Dem Engel, oder Euch?

Nathan. Doch hätt' auch nur
Ein Mensch—ein Mensch, wie die Natur sie täglich
Gewährt, dir diesen Dienst erzeigt: er müßte
Für dich ein Engel sein. Er müßt' und würde.

Recha.
Nicht so ein Engel; nein! ein wirklicher;
Es war gewiß ein wirklicher!—Habt Ihr,
Ihr selbst die Möglichkeit, daß Engel sind,
Daß Gott zum Besten derer, die ihn lieben,
Auch Wunder könne tun, mich nicht gelehrt?
Ich lieb ihn ja.

Nathan. Und er liebt dich; und tut
Für dich, und deinesgleichen, stündlich Wunder;
Ja, hat sie schon von aller Ewigkeit
Für euch getan.

Recha. Das hör ich gern.

Nathan. Wie? weil
Es ganz natürlich, ganz alltäglich klänge,
Wenn dich ein eigentlicher Tempelherr
Gerettet hätte: sollt' es darum weniger
Ein Wunder sein?—Der Wunder höchstes ist,
Daß uns die wahren, echten Wunder so
Alltäglich werden können, werden sollen.
Ohn' dieses allgemeine Wunder, hätte
Ein Denkender wohl schwerlich Wunder je
Genannt, was Kindern bloß so heißen mußte,
Die gaffend nur das Ungewöhnlichste,
Das Neuste nur verfolgen.

Daja (zu Nathan). Wollt Ihr denn
Ihr ohnedem schon überspanntes Hirn
Durch solcherlei Subtilitäten ganz
Zersprengen?

Nathan. Laß mich!—Meiner Recha wär'
Es Wunders nicht genug, daß sie ein Mensch
Gerettet, welchen selbst kein kleines Wunder
Erst retten müssen? Ja, kein kleines Wunder!
Denn wer hat schon gehört, daß Saladin
Je eines Tempelherrn verschont? daß je
Ein Tempelherr von ihm verschont zu werden
Verlangt? gehofft? ihm je für seine Freiheit
Mehr als den ledern Gurt geboten, der
Sein Eisen schleppt; und höchstens seinen Dolch?

Recha.
Das schließt für mich, mein Vater.—Darum eben
War das kein Tempelherr; er schien es nur.—
Kömmt kein gefangner Tempelherr je anders
Als zum gewissen Tode nach Jerusalem;
Geht keiner in Jerusalem so frei
Umher: wie hätte mich des Nachts freiwillig
Denn einer retten können?

Nathan. Sieh! wie sinnreich.
Jetzt, Daja, nimm das Wort. Ich hab es ja
Von dir, daß er gefangen hergeschickt
Ist worden. Ohne Zweifel weißt du mehr.

Daja.
Nun ja.—So sagt man freilich;—doch man sagt
Zugleich, daß Saladin den Tempelherrn
Begnadigt, weil er seiner Brüder einem,
Den er besonders lieb gehabt, so ähnlich sehe.
Doch da es viele zwanzig Jahre her,

Daß dieser Bruder nicht mehr lebt,—er hieß,
Ich weiß nicht wie;—er blieb, ich weiß nicht wo:—
So klingt das ja so gar—so gar unglaublich,
Daß an der ganzen Sache wohl nichts ist.

Nathan.
Ei, Daja! Warum wäre denn das so
Unglaublich? Doch wohl nicht—wie's wohl geschieht—
Um lieber etwas noch Unglaublichers
Zu glauben?—Warum hätte Saladin,
Der sein Geschwister insgesamt so liebt,
In jüngern Jahren einen Bruder nicht
Noch ganz besonders lieben können?—Pflegen
Sich zwei Gesichter nicht zu ähneln?—Ist
Ein alter Eindruck ein verlorner?—Wirkt
Das Nämliche nicht mehr das Nämliche?
Seit wenn?—Wo steckt hier das Unglaubliche?
Ei freilich, weise Daja, wär's für dich
Kein Wunder mehr; und deine Wunder nur
Bedürf... verdienen, will ich sagen, Glauben.

Daja.
Ihr spottet.

Nathan. Weil du meiner spottest.—Doch
Auch so noch, Recha, bleibet deine Rettung
Ein Wunder, dem nur möglich, der die strengsten
Entschlüsse, die unbändigsten Entwürfe
Der Könige, sein Spiel—wenn nicht sein Spott—
Gern an den schwächsten Fäden lenkt.

Recha. Mein Vater!
Mein Vater, wenn ich irr, Ihr wißt, ich irre
Nicht gern.

Nathan. Vielmehr, du läßt dich gern belehren.
Sieh! eine Stirn, so oder so gewölbt;

Der Rücken einer Nase, so vielmehr
Als so geführet; Augenbraunen, die
Auf einem scharfen oder stumpfen Knochen
So oder so sich schlängeln; eine Linie,
Ein Bug, ein Winkel, eine Falt', ein Mal,
Ein Nichts, auf eines wilden Europäers
Gesicht:—und du entkommst dem Feu'r, in Asien!
Das wär' kein Wunder, wundersücht'ges Volk?
Warum bemüht ihr denn noch einen Engel?

Daja.
Was schadet's—Nathan, wenn ich sprechen darf—
Bei alledem, von einem Engel lieber
Als einem Menschen sich gerettet denken?
Fühlt man der ersten unbegreiflichen
Ursache seiner Rettung nicht sich so
Viel näher?

Nathan. Stolz! und nichts als Stolz! Der Topf
Von Eisen will mit einer silbern Zange
Gern aus der Glut gehoben sein, um selbst
Ein Topf von Silber sich zu dünken.—Pah!—
Und was es schadet, fragst du? was es schadet?
Was hilft es? dürft' ich nur hinwieder fragen.—
Denn dein "Sich Gott um so viel näher fühlen"
Ist Unsinn oder Gotteslästerung.—
Allein es schadet; ja, es schadet allerdings.—
Kommt! hört mir zu.—Nicht wahr? dem Wesen, das
Dich rettete,—es sei ein Engel oder
Ein Mensch,—dem möchtet ihr, und du besonders,
Gern wieder viele große Dienste tun?—
Nicht wahr?—Nun, einem Engel, was für Dienste,
Für große Dienste könnt ihr dem wohl tun?
Ihr könnt ihm danken; zu ihm seufzen, beten;
Könnt in Entzückung über ihn zerschmelzen;

Könnt an dem Tage seiner Feier fasten,
Almosen spenden.—Alles nichts.—Denn mich
Deucht immer, daß ihr selbst und euer Nächster
Hierbei weit mehr gewinnt, als er. Er wird
Nicht fett durch euer Fasten; wird nicht reich
Durch eure Spenden; wird nicht herrlicher
Durch eu'r Entzücken; wird nicht mächtiger
Durch eu'r Vertraun. Nicht wahr? Allein ein Mensch!

Daja.
Ei freilich hätt' ein Mensch, etwas für ihn
Zu tun, uns mehr Gelegenheit verschafft.
Und Gott weiß, wie bereit wir dazu waren!
Allein er wollte ja, bedurfte ja
So völlig nichts; war in sich, mit sich so
Vergnügsam, als nur Engel sind, nur Engel
Sein können.

Recha. Endlich, als er gar verschwand...

Nathan.
Verschwand?—Wie denn verschwand?—Sich untern Palmen
Nicht ferner sehen ließ?—Wie? oder habt
Ihr wirklich schon ihn weiter aufgesucht?

Daja.
Das nun wohl nicht.

Nathan. Nicht, Daja? nicht?—Da sieh
Nun was es schad't!—Grausame Schwärmerinnen!
Wenn dieser Engel nun—nun krank geworden!...

Recha.
Krank!

Daja. Krank! Er wird doch nicht!

Recha. Welch kalter Schauer
Befällt mich!—Daja!—Meine Stirne, sonst
So warm, fühl! ist auf einmal Eis.

Nathan. Er ist
Ein Franke, dieses Klimas ungewohnt;
Ist jung; der harten Arbeit seines Standes,
Des Hungerns, Wachens ungewohnt.

Recha. Krank! krank!

Daja.
Das wäre möglich, meint ja Nathan nur.

Nathan.
Nun liegt er da! hat weder Freund, noch Geld
Sich Freunde zu besolden.

Recha. Ah, mein Vater!

Nathan.
Liegt ohne Wartung, ohne Rat und Zusprach',
Ein Raub der Schmerzen und des Todes da!

Recha.
Wo? wo?

Nathan. Er, der für eine, die er nie
Gekannt, gesehn—genug, es war ein Mensch
Ins Feu'r sich stürzte...

Daja. Nathan, schonet ihrer!

Nathan.
Der, was er rettete, nicht näher kennen,
Nicht weiter sehen mocht',—um ihm den Dank
Zu sparen...

Daja. Schonet ihrer, Nathan!

Nathan. Weiter
Auch nicht zu sehn verlangt',—es wäre denn,
Daß er zum zweitenmal es retten sollte—
Denn g'nug, es ist ein Mensch...

Daja. Hört auf, und seht!

Nathan.
Der, der hat sterbend sich zu laben, nichts
Als das Bewußtsein dieser Tat!

Daja. Hört auf!
Ihr tötet sie!

Nathan. Und du hast ihn getötet!—
Hättst so ihn töten können.—Recha! Recha!
Es ist Arznei, nicht Gift, was ich dir reiche.
Er lebt!—komm zu dir!—ist auch wohl nicht krank:
Nicht einmal krank!

Recha. Gewiß?—nicht tot? nicht krank?

Nathan.
Gewiß, nicht tot! Denn Gott lohnt Gutes, hier
Getan, auch hier noch.—Geh!—Begreifst du aber,
Wieviel andächtig schwärmen leichter, als
Gut handeln ist? wie gern der schlaffste Mensch
Andächtig schwärmt, um nur,—ist er zu Zeiten
Sich schon der Absicht deutlich nicht bewußt—
Um nur gut handeln nicht zu dürfen?

Recha. Ah,
Mein Vater! laßt, laßt Eure Recha doch
Nie wiederum allein!—Nicht wahr, er kann
Auch wohl verreist nur sein?—

Nathan. Geht!—Allerdings.—
Ich seh, dort mustert mit neugier'gem Blick

Ein Muselmann mir die beladenen
Kamele. Kennt Ihr ihn?

Daja. Ha! Euer Derwisch.

Nathan.
Wer?

Daja. Euer Derwisch; Euer Schachgesell!

Nathan.
Al-Hafi? das Al-Hafi?

Daja. Itzt des Sultans
Schatzmeister.

Nathan. Wie? Al-Hafi? Träumst du wieder?
Er ist's!—wahrhaftig, ist's!—kömmt auf uns zu.
Hinein mit Euch, geschwind!—Was werd ich hören!

Dritter Auftritt

Nathan und der Derwisch.

Derwisch.
Reißt nur die Augen auf, so weit Ihr könnt!

Nathan.
Bist du's? Bist du es nicht?—In dieser Pracht,
Ein Derwisch!...

Derwisch. Nun? warum denn nicht? Läßt sich
Aus einem Derwisch denn nichts, gar nichts machen?

Nathan.
Ei wohl, genug!—Ich dachte mir nur immer,
Der Derwisch—so der rechte Derwisch—woll'
Aus sich nichts machen lassen.

Derwisch. Beim Propheten
Daß ich kein rechter bin, mag auch wohl wahr sein.
Zwar wenn man muß—

Nathan. Muß! Derwisch!—Derwisch muß?
Kein Mensch muß müssen, und ein Derwisch müßte?
Was müßt' er denn?

Derwisch. Warum man ihn recht bittet,
Und er für gut erkennt: das muß ein Derwisch.

Nathan.
Bei unserm Gott! da sagst du wahr.—Laß dich
Umarmen, Mensch.—Du bist doch noch mein Freund?

Derwisch.
Und fragt nicht erst, was ich geworden bin?

Nathan.
Trotzdem, was du geworden!

Derwisch. Könnt' ich nicht
Ein Kerl im Staat geworden sein, des Freundschaft
Euch ungelegen wäre?

Nathan. Wenn dein Herz
Noch Derwisch ist, so wag ich's drauf. Der Kerl
Im Staat, ist nur dein Kleid.

Derwisch. Das auch geehrt
Will sein.—Was meint Ihr? ratet!—Was wär' ich
An Eurem Hofe?

Nathan. Derwisch; weiter nichts.
Doch nebenher, wahrscheinlich—Koch.

Derwisch. Nun ja!
Mein Handwerk bei Euch zu verlernen.—Koch!
Nicht Kellner auch?—Gesteht, daß Saladin

Mich besser kennt.—Schatzmeister bin ich bei—
Ihm worden.

Nathan. Du?—bei ihm?

Derwisch. Versteht:
Des kleinern Schatzes,—denn des größern wartet
Sein Vater noch—des Schatzes für sein Haus.

Nathan.
Sein Haus ist groß.

Derwisch. Und größer, als Ihr glaubt;
Denn jeder Bettler ist von seinem Hause.

Nathan.
Doch ist den Bettlern Saladin so feind—

Derwisch.
Daß er mit Strumpf und Stiel sie zu vertilgen
Sich vorgesetzt,—und sollt' er selbst darüber
Zum Bettler werden.

Nathan. Brav!—So mein ich's eben.

Derwisch.
Er ist's auch schon, trotz einem!—Denn sein Schatz
Ist jeden Tag mit Sonnenuntergang
Viel leerer noch, als leer. Die Flut, so hoch
Sie morgens eintritt, ist des Mittags längst
Verlaufen—

Nathan. Weil Kanäle sie zum Teil
Verschlingen, die zu füllen oder zu
Verstopfen, gleich unmöglich ist.

Derwisch. Getroffen!

Nathan.
Ich kenne das!

Derwisch. Es taugt nun freilich nichts,
Wenn Fürsten Geier unter Äsern sind.
Doch sind sie Äser unter Geiern, taugt's
Noch zehnmal weniger.

Nathan. O nicht doch, Derwisch!
Nicht doch!

Derwisch. Ihr habt gut reden, Ihr!—Kommt an:
Was gebt Ihr mir? so tret ich meine Stell'
Euch ab.

Nathan. Was bringt dir deine Stelle?

Derwisch. Mir?
Nicht viel. Doch Euch, Euch kann sie trefflich wuchern.
—Denn ist es Ebb' im Schatz,—wie öfters ist,
So zieht Ihr Eure Schleusen auf: schießt vor,
Und nehmt an Zinsen, was Euch nur gefällt.

Nathan.
Auch Zins vom Zins der Zinsen?

Derwisch. Freilich!

Nathan. Bis
Mein Kapital zu lauter Zinsen wird.

Derwisch.
Das lockt Euch nicht?—So schreibet unsrer Freundschaft
Nur gleich den Scheidebrief! Denn wahrlich hab
Ich sehr auf Euch gerechnet.

Nathan. Wahrlich? Wie
Denn so? wieso denn?

Derwisch. Daß Ihr mir mein Amt
Mit Ehren würdet führen helfen; daß
Ich allzeit offne Kasse bei Euch hätte.—
Ihr schüttelt?

Nathan. Nun, verstehn wir uns nur recht!
Hier gibt's zu unterscheiden.—Du? warum
Nicht du? Al-Hafi Derwisch ist zu allem,
Was ich vermag, mir stets willkommen.—Aber
Al-Hafi Defterdar des Saladin,
Der—dem—

Derwisch. Erriet ich's nicht? Daß Ihr doch immer
So gut als klug, so klug als weise seid!—
Geduld! Was Ihr am Hafi unterscheidet,
Soll bald geschieden wieder sein.—Seht da
Das Ehrenkleid, das Saladin mir gab.
Eh' es verschossen ist, eh' es zu Lumpen
Geworden, wie sie einen Derwisch kleiden,
Hängt's in Jerusalem am Nagel, und
Ich bin am Ganges, wo ich leicht und barfuß
Den heißen Sand mit meinen Lehrern trete.

Nathan.
Dir ähnlich g'nug!

Derwisch. Und Schach mit ihnen spiele.

Nathan.
Dein höchstes Gut!

Derwisch. Denkt nur, was mich verführte!—
Damit ich selbst nicht länger betteln dürfte?
Den reichen Mann mit Bettlern spielen könnte?
Vermögend wär' im Hui den reichsten Bettler
In einen armen Reichen zu verwandeln?

Nathan.
Das nun wohl nicht.

Derwisch. Weit etwas Abgeschmackters!
Ich fühlte mich zum erstenmal geschmeichelt;
Durch Saladins gutherz'gen Wahn geschmeichelt—

Nathan.
Der war?

Derwisch. "Ein Bettler wisse nur, wie Bettlern
Zumute sei; ein Bettler habe nur
Gelernt, mit guter Weise Bettlern geben.
Dein Vorfahr, sprach er, war mir viel zu kalt,
Zu rauh. Er gab so unhold, wenn er gab;
Erkundigte so ungestüm sich erst
Nach dem Empfänger; nie zufrieden, daß
Er nur den Mangel kenne, wollt' er auch
Des Mangels Ursach' wissen, um die Gabe
Nach dieser Ursach' filzig abzuwägen.
Das wird Al-Hafi nicht! So unmild mild
Wird Saladin im Hafi nicht erscheinen!
Al-Hafi gleicht verstopften Röhren nicht,
Die ihre klar und still empfangnen Wasser
So unrein und so sprudelnd wiedergeben.
Al-Hafi denkt; Al-Hafi fühlt wie ich!"—
So lieblich klang des Voglers Pfeife, bis
Der Gimpel in dem Netze war.—Ich Geck!
Ich eines Gecken Geck!

Nathan. Gemach, mein Derwisch,
Gemach!

Derwisch. Ei was!—Es wär' nicht Geckerei,
Bei Hunderttausenden die Menschen drücken,
Ausmergeln, plündern, martern, würgen; und
Ein Menschenfreund an einzeln scheinen wollen?
Es wär' nicht Geckerei, des Höchsten Milde,
Die sonder Auswahl über Bös' und Gute
Und Flur und Wüstenei, in Sonnenschein
Und Regen sich verbreitet,—nachzuäffen,

Und nicht des Höchsten immer volle Hand
Zu haben? Was? es wär' nicht Geckerei...

Nathan.
Genug! hör auf!

Derwisch. Laßt meiner Geckerei
Mich doch nur auch erwähnen!—Was? es wäre
Nicht Geckerei, an solchen Geckereien
Die gute Seite dennoch auszuspüren,
Um Anteil, dieser guten Seite wegen,
An dieser Geckerei zu nehmen? He?
Das nicht?

Nathan. Al-Hafi, mache, daß du bald
In deine Wüste wieder kömmst. Ich fürchte,
Grad unter Menschen möchtest du ein Mensch
Zu sein verlernen.

Derwisch. Recht, das fürcht ich auch.
Lebt wohl!

Nathan. So hastig?—Warte doch, Al-Hafi.
Entläuft dir denn die Wüste?—Warte doch!—
Daß er mich hörte!—He, Al-Hafi! hier!—
Weg ist er; und ich hätt' ihn noch so gern
Nach unserm Tempelherrn gefragt. Vermutlich,
Daß er ihn kennt.

Vierter Auftritt

Daja eilig herbei. Nathan.

Daja. O Nathan, Nathan!

Nathan. Nun?
Was gibt's?

Daja. Er läßt sich wieder sehn! Er läßt
Sich wieder sehn!

Nathan. Wer, Daja? wer?

Daja. Er! Er!

Nathan.
Er? Er?—Wann läßt sich der nicht sehn!—Ja so,
Nur euer Er heißt er.—Das sollt' er nicht!
Und wenn er auch ein Engel wäre, nicht!—

Daja.
Er wandelt untern Palmen wieder auf
Und ab; und bricht von Zeit zu Zeit sich Datteln.

Nathan.
Sie essend?—und als Tempelherr?

Daja. Was quält
Ihr mich?—Ihr gierig Aug' erriet ihn hinter
Den dicht verschränkten Palmen schon; und folgt
Ihm unverrückt. Sie läßt Euch bitten,—Euch
Beschwören,—ungesäumt ihn anzugehn.
O eilt! Sie wird Euch aus dem Fenster winken,
Ob er hinauf geht oder weiter ab
Sich schlägt. O eilt!

Nathan. So wie ich vom Kamele
Gestiegen?—Schickt sich das?—Geh, eile du
Ihm zu; und meld ihm meine Wiederkunft.
Gib acht, der Biedermann hat nur mein Haus
In meinem Absein nicht betreten wollen;
Und kömmt nicht ungern, wenn der Vater selbst
Ihn laden läßt. Geh, sag, ich laß ihn bitten,
Ihn herzlich bitten...

Daja. All umsonst! Er kömmt
Euch nicht.—Denn kurz; er kömmt zu keinem Juden.

Nathan.
So geh, geh wenigstens ihn anzuhalten;
Ihn wenigstens mit deinen Augen zu
Begleiten.—Geh, ich komme gleich dir nach.

(Nathan eilet hinein, und Daja heraus.)

Fünfter Auftritt

Szene: ein Platz mit Palmen, unter welchen der Tempelherr auf und
nieder geht. Ein Klosterbruder folgt ihm in einiger Entfernung von der
Seite, immer als ob er ihn anreden wolle.

Tempelherr.
Der folgt mir nicht vor langer Weile!—Sieh,
Wie schielt er nach den Händen!—Guter Bruder,...
Ich kann Euch auch wohl Vater nennen; nicht?

Klosterbruder.
Nur Bruder—Laienbruder nur; zu dienen.

Tempelherr.
Ja, guter Bruder, wer nur selbst was hätte!
Bei Gott! bei Gott! Ich habe nichts—

Klosterbruder. Und doch
Recht warmen Dank! Gott geb' Euch tausendfach,
Was Ihr gern geben wolltet. Denn der Wille
Und nicht die Gabe macht den Geber.—Auch
Ward ich dem Herrn Almosens wegen gar
Nicht nachgeschickt.

Tempelherr. Doch aber nachgeschickt?

Klosterbruder.
Ja; aus dem Kloster.

Tempelherr. Wo ich eben jetzt
Ein kleines Pilgermahl zu finden hoffte?

Klosterbruder.
Die Tische waren schon besetzt; komm' aber
Der Herr nur wieder mit zurück.

Tempelherr. Wozu?
Ich habe Fleisch wohl lange nicht gegessen:
Allein was tut's? Die Datteln sind ja reif.

Klosterbruder.
Nehm' sich der Herr in acht' mit dieser Frucht.
Zu viel genossen taugt sie nicht; verstopft
Die Milz; macht melancholisches Geblüt.

Tempelherr.
Wenn ich nun melancholisch gern mich fühlte?—
Doch dieser Warnung wegen wurdet Ihr
Mir doch nicht nachgeschickt?

Klosterbruder. O nein!—Ich soll
Mich nur nach Euch erkunden; auf den Zahn
Euch fühlen.

Tempelherr. Und das sagt Ihr mir so selbst?

Klosterbruder.
Warum nicht?

Tempelherr. (Ein verschmitzter Bruder!)—Hat
Das Kloster Euresgleichen mehr?

Klosterbruder. Weiß nicht.
Ich muß gehorchen, lieber Herr.

Tempelherr. Und da
Gehorcht Ihr denn auch ohne viel zu klügeln?

Klosterbruder.
Wär's sonst gehorchen, lieber Herr?

Tempelherr. (Daß doch
Die Einfalt immer Recht behält!)—Ihr dürft
Mir doch auch wohl vertrauen, wer mich gern
Genauer kennen möchte?—Daß Ihr's selbst
Nicht seid, will ich wohl schwören.

Klosterbruder. Ziemte mir's?
Und frommte mir's?

Tempelherr. Wem ziemt und frommt es denn,
Daß er so neubegierig ist? Wem denn?

Klosterbruder.
Dem Patriarchen; muß ich glauben.—Denn
Der sandte mich Euch nach.

Tempelherr. Der Patriarch?
Kennt der das rote Kreuz auf weißem Mantel
Nicht besser?

Klosterbruder. Kenn ja ich's!

Tempelherr. Nun, Bruder? nun?—
Ich bin ein Tempelherr; und ein gefangner.—
Setz ich hinzu: gefangen bei Tebnin,
Der Burg, die mit des Stillstands letzter Stunde
Wir gern erstiegen hätten, um sodann
Auf Sidon loszugehn;—setz ich hinzu:
Selbzwanzigster gefangen und allein
Vom Saladin begnadiget: so weiß
Der Patriarch, was er zu wissen braucht;
Mehr, als er braucht.

Klosterbruder. Wohl aber schwerlich mehr,
Als er schon weiß.—Er wüßt' auch gern, warum
Der Herr vom Saladin begnadigt worden;
Er ganz allein.

Tempelherr. Weiß ich das selber?—Schon
Den Hals entblößt, kniet' ich auf meinem Mantel,
Den Streich erwartend: als mich schärfer Saladin
Ins Auge faßt, mir näher springt, und winkt.
Man hebt mich auf; ich bin entfesselt; will
Ihm danken; seh sein Aug' in Tränen: stumm
Ist er, bin ich; er geht, ich bleibe.—Wie
Nun das zusammenhängt, enträtsle sich
Der Patriarche selbst.

Klosterbruder. Er schließt daraus,
Daß Gott zu großen, großen Dingen Euch
Müss' aufbehalten haben.

Tempelherr. Ja, zu großen!
Ein Judenmädchen aus dem Feu'r zu retten;
Auf Sinai neugier'ge Pilger zu
Geleiten; und dergleichen mehr.

Klosterbruder. Wird schon
Noch kommen!—Ist inzwischen auch nicht übel.—
Vielleicht hat selbst der Patriarch bereits
Weit wicht'gere Geschäfte für den Herrn.

Tempelherr.
So? meint Ihr, Bruder?—Hat er gar Euch schon
Was merken lassen?

Klosterbruder. Ei, Jawohl!—Ich soll
Den Herrn nur erst ergründen, ob er so
Der Mann wohl ist.

Tempelherr. Nun ja; ergründet nur!
(Ich will doch sehn, wie der ergründet!)—Nun?

Klosterbruder.
Das Kürzste wird wohl sein, daß ich dem Herrn
Ganz gradezu des Patriarchen Wunsch
Eröffne.

Tempelherr. Wohl!

Klosterbruder. Er hätte durch den Herrn
Ein Briefchen gern bestellt.

Tempelherr. Durch mich? Ich bin
Kein Bote.—Das, das wäre das Geschäft,
Das weit glorreicher sei, als Judenmädchen
Dem Feu'r entreißen?

Klosterbruder. Muß doch wohl! Denn—sagt
Der Patriarch—an diesem Briefchen sei
Der ganzen Christenheit sehr viel gelegen.
Dies Briefchen wohl bestellt zu haben,—sagt
Der Patriarch,—werd einst im Himmel Gott
Mit einer ganz besondern Krone lohnen.
Und dieser Krone,—sagt der Patriarch,
Sei niemand würd'ger, als mein Herr.

Tempelherr. Als ich?

Klosterbruder.
Denn diese Krone zu verdienen,—sagt
Der Patriarch,—sei schwerlich jemand auch
Geschickter, als mein Herr.

Tempelherr. Als ich?

Klosterbruder. Er sei
Hier frei; könn' überall sich hier besehn;
Versteh', wie eine Stadt zu stürmen und

34

Zu schirmen; könne,—sagt der Patriarch,—
Die Stärk' und Schwäche der von Saladin
Neu aufgeführten, innern, zweiten Mauer
Am besten schätzen, sie am deutlichsten
Den Streitern Gottes,—sagt der Patriarch,—
Beschreiben.

Tempelherr. Guter Bruder, wenn ich doch
Nun auch des Briefchens nähern Inhalt wüßte.

Klosterbruder.
Ja den,—den weiß ich nun wohl nicht so recht.
Das Briefchen aber ist an König Philipp.—
Der Patriarch... Ich hab mich oft gewundert,
Wie doch ein Heiliger, der sonst so ganz
Im Himmel lebt, zugleich so unterrichtet
Von Dingen dieser Welt zu sein herab
Sich lassen kann. Es muß ihm sauer werden.

Tempelherr.
Nun dann? der Patriarch?

Klosterbruder. Weiß ganz genau,
Ganz zuverlässig, wie und wo, wie stark,
Von welcher Seite Saladin, im Fall
Es völlig wieder losgeht, seinen Feldzug
Eröffnen wird.

Tempelherr. Das weiß er?

Klosterbruder. Ja, und möcht'
Es gern dem König Philipp wissen lassen:
Damit der ungefähr ermessen könne,
Ob die Gefahr denn gar so schrecklich, um
Mit Saladin den Waffenstillestand,
Den Euer Orden schon so brav gebrochen,

Es koste was es wolle, wiederher-
Zustellen.

Tempelherr. Welch ein Patriarch!—Ja so!
Der liebe tapfre Mann will mich zu keinem
Gemeinen Boten; will mich—zum Spion.
Sagt Euerm Patriarchen, guter Bruder,
Soviel Ihr mich ergründen können, wär'
Das meine Sache nicht.—Ich müsse mich
Noch als Gefangenen betrachten; und
Der Tempelherren einziger Beruf
Sei mit dem Schwerte dreinzuschlagen, nicht
Kundschafterei zu treiben.

Klosterbruder. Dacht' ich's doch!—
Will's auch dem Herrn nicht eben sehr verübeln.—
Zwar kömmt das Beste noch.—Der Patriarch
Hiernächst hat ausgegattert, wie die Feste
Sich nennt, und wo auf Libanon sie liegt,
In der die ungeheuern Summen stecken,
Mit welchen Saladins vorsicht'ger Vater
Das Heer besoldet, und die Zurüstungen
Des Kriegs bestreitet. Saladin verfügt
Von Zeit zu Zeit auf abgelegnen Wegen
Nach dieser Feste sich, nur kaum begleitet.—
Ihr merkt doch?

Tempelherr. Nimmermehr!

Klosterbruder. Was wäre da
Wohl leichter, als des Saladins sich zu
Bemächtigen? den Garaus ihm zu machen?—
Ihr schaudert?—O es haben schon ein paar
Gottsfürcht'ge Maroniten sich erboten,
Wenn nur ein wackrer Mann sie führen wolle,
Das Stück zu wagen.

Tempelherr. Und der Patriarch
Hätt' auch zu diesem wackern Manne mich
Ersehn?

Klosterbruder. Er glaubt, daß König Philipp wohl
Von Ptolemais aus die Hand hierzu
Am besten bieten könne.

Tempelherr. Mir? mir, Bruder?
Mir? Habt Ihr nicht gehört? nur erst gehört,
Was für Verbindlichkeit dem Saladin
Ich habe?

Klosterbruder. Wohl hab ich's gehört.

Tempelherr. Und doch?

Klosterbruder.
Ja,—meint der Patriarch,—das wär' schon gut:
Gott aber und der Orden...

Tempelherr. Ändern nichts!
Gebieten mir kein Bubenstück!

Klosterbruder. Gewiß nicht!—
Nur,—meint der Patriarch,—sei Bubenstück
Vor Menschen, nicht auch Bubenstück vor Gott.

Tempelherr.
Ich wär' dem Saladin mein Leben schuldig:
Und raubt' ihm seines?

Klosterbruder. Pfui!—Doch bliebe,—meint
Der Patriarch,—noch immer Saladin
Ein Feind der Christenheit, der Euer Freund
Zu sein, kein Recht erwerben könne.

Tempelherr. Freund?
An dem ich bloß nicht will zum Schurken werden;
Zum undankbaren Schurken?

Klosterbruder. Allerdings!—
Zwar,—meint der Patriarch,—des Dankes sei
Man quitt, vor Gott und Menschen quitt, wenn uns
Der Dienst um unsertwillen nicht geschehen.
Und da verlauten wolle,—meint der Patriarch,—
Daß Euch nur darum Saladin begnadet,
Weil ihm in Eurer Mien', in Euerm Wesen
So was von seinem Bruder eingeleuchtet...

Tempelherr.
Auch dieses weiß der Patriarch; und doch?—
Ah! wäre das gewiß! Ah, Saladin!—
Wie? die Natur hätt' auch nur einen Zug
Von mir in deines Bruders Form gebildet:
Und dem entspräche nichts in meiner Seele?
Was dem entspräche, könnt' ich unterdrücken,
Um einem Patriarchen zu gefallen?—
Natur, so leugst du nicht! So widerspricht
Sich Gott in seinen Werken nicht!—Geht, Bruder!
Erregt mir meine Galle nicht!—Geht! geht!

Klosterbruder.
Ich geh; und geh vergnügter, als ich kam.
Verzeihe mir der Herr. Wir Klosterleute
Sind schuldig, unsern Obern zu gehorchen.

Sechster Auftritt

Der Tempelherr und Daja, die den Tempelherrn schon eine Zeitlang von
weiten beobachtet hatte und sich nun ihm nähert.

Daja.
Der Klosterbruder, wie mich dünkt, ließ in
Der besten Laun' ihn nicht.—Doch muß ich mein
Paket nur wagen.

Tempelherr. Nun, vortrefflich!—Lügt
Das Sprichwort wohl: daß Mönch und Weib, und Weib
Und Mönch des Teufels beide Krallen sind?
Er wirft mich heut aus einer in die andre.

Daja.
Was seh ich?—Edler Ritter, Euch?—Gott Dank!
Gott tausend Dank!—Wo habt Ihr denn
Die ganze Zeit gesteckt?—Ihr seid doch wohl
Nicht krank gewesen?

Tempelherr. Nein.

Daja. Gesund doch?

Tempelherr. Ja.

Daja.
Wir waren Euertwegen wahrlich ganz
Bekümmert.

Tempelherr. So?

Daja. Ihr wart gewiß verreist?

Tempelherr.
Erraten!

Daja. Und kamt heut erst wieder?

Tempelherr. Gestern.

Daja.
Auch Rechas Vater ist heut angekommen.
Und nun darf Recha doch wohl hoffen?

Tempelherr. Was?

Daja.
Warum sie Euch so öfters bitten lassen.
Ihr Vater ladet Euch nun selber bald

Aufs dringlichste. Er kömmt von Babylon.
Mit zwanzig hochbeladenen Kamelen,
Und allem, was an edeln Spezereien,
An Steinen und an Stoffen, Indien
Und Persien und Syrien, gar Sina,
Kostbares nur gewähren.

Tempelherr. Kaufe nichts.

Daja.
Sein Volk verehret ihn als einen Fürsten.
Doch daß es ihn den Weisen Nathan nennt
Und nicht vielmehr den Reichen, hat mich oft
Gewundert.

Tempelherr. Seinem Volk ist reich und weise
Vielleicht das Nämliche.

Daja. Vor allen aber
Hätt's ihn den Guten nennen müssen. Denn
Ihr stellt Euch gar nicht vor, wie gut er ist.
Als er erfuhr, wieviel Euch Recha schuldig:
Was hätt', in diesem Augenblicke, nicht
Er alles Euch getan, gegeben!

Tempelherr. Ei!

Daja.
Versucht's und kommt und seht!

Tempelherr. Was denn? wie schnell
Ein Augenblick vorüber ist?

Daja. Hätt' ich,
Wenn er so gut nicht wär', es mir so lange
Bei ihm gefallen lassen? Meint Ihr etwa,
Ich fühle meinen Wert als Christin nicht?
Auch mir ward's vor der Wiege nicht gesungen,

Daß ich nur darum meinem Ehgemahl
Nach Palästina folgen würd', um da
Ein Judenmädchen zu erziehn. Es war
Mein lieber Ehgemahl ein edler Knecht
In Kaiser Friedrichs Heere—

Tempelherr. Von Geburt
Ein Schweizer, dem die Ehr' und Gnade ward,
Mit Seiner Kaiserlichen Majestät
In einem Flusse zu ersaufen.—Weib!
Wievielmal habt Ihr mir das schon erzählt?
Hört Ihr denn gar nicht auf mich zu verfolgen?

Daja.
Verfolgen! lieber Gott!

Tempelherr. Ja, ja, verfolgen.
Ich will nun einmal Euch nicht weiter sehn!
Nicht hören! Will von Euch an eine Tat
Nicht fort und fort erinnert sein, bei der
Ich nichts gedacht; die, wenn ich drüber denke,
Zum Rätsel von mir selbst mir wird. Zwar möcht'
Ich sie nicht gern bereuen. Aber seht;
Ereignet so ein Fall sich wieder: Ihr
Seid schuld, wenn ich so rasch nicht handle; wenn
Ich mich vorher erkund—und brennen lasse,
Was brennt.

Daja. Bewahre Gott!

Tempelherr. Von heut an tut
Mir den Gefallen wenigstens, und kennt
Mich weiter nicht. Ich bitt Euch drum. Auch laßt
Den Vater mir vom Halse. Jud' ist Jude.
Ich bin ein plumper Schwab. Des Mädchens Bild
Ist längst aus meiner Seele; wenn es je
Da war.

Daja. Doch Eures ist aus ihrer nicht.

Tempelherr.
Was soll's nun aber da? was soll's?

Daja. Wer weiß!
Die Menschen sind nicht immer, was sie scheinen.

Tempelherr.
Doch selten etwas Bessers. (Er geht.)

Daja. Wartet doch!
Was eilt Ihr?

Tempelherr. Weib, macht mir die Palmen nicht
Verhaßt, worunter ich so gern sonst wandle.

Daja.
So geh, du deutscher Bär! so geh!—Und doch
Muß ich die Spur des Tieres nicht verlieren.

(Sie geht ihm von weiten nach.)

Zweiter Aufzug

Erster Auftritt

(Die Szene: des Sultans Palast.)

Saladin und Sittah spielen Schach.

Sittah.
Wo bist du, Saladin? Wie spielst du heut?

Saladin.
Nicht gut? Ich dächte doch.

Sittah. Für mich; und kaum.
Nimm diesen Zug zurück.

Saladin. Warum?

Sittah. Der Springer
Wird unbedeckt.

Saladin. Ist wahr. Nun so!

Sittah. So zieh
Ich in die Gabel.

Saladin. Wieder wahr.—Schach dann!

Sittah.
Was hilft dir das? Ich setze vor: und du
Bist, wie du warst.

Saladin. Aus dieser Klemme seh
Ich wohl, ist ohne Buße nicht zu kommen.
Mag's! nimm den Springer nur.

Sittah. Ich will ihn nicht.
Ich geh vorbei.

Saladin. Du schenkst mir nichts. Dir liegt
An diesem Plane mehr, als an dem Springer.

Sittah.
Kann sein.

Saladin. Mach deine Rechnung nur nicht ohne
Den Wirt. Denn sieh! Was gilt's, das warst du nicht
Vermuten?

Sittah. Freilich nicht. Wie konnt' ich auch
Vermuten, daß du deiner Königin
So müde wärst?

Saladin. Ich meiner Königin?

Sittah.
Ich seh nun schon.—ich soll heut meine tausend
Dinar', kein Naserinchen mehr gewinnen.

Saladin.
Wieso?

Sittah. Frag noch!—Weil du mit Fleiß, mit aller
Gewalt verlieren willst.—Doch dabei find
Ich meine Rechnung nicht. Denn außer, daß
Ein solches Spiel das unterhaltendste
Nicht ist: gewann ich immer nicht am meisten
Mit dir' wenn ich verlor? Wenn hast du mir
Den Satz, mich des verlornen Spieles wegen
Zu trösten, doppelt nicht hernach geschenkt?

Saladin.
Ei sieh! so hättest du ja wohl, wenn du
Verlorst, mit Fleiß verloren, Schwesterchen?

Sittah.
Zum wenigsten kann gar wohl sein, daß deine
Freigebigkeit, mein liebes Brüderchen,
Schuld ist, daß ich nicht besser spielen lernen.

Saladin.
Wir kommen ab vom Spiele. Mach ein Ende!

Sittah.
So bleibt es? Nun dann: Schach! und doppelt Schach!

Saladin.
Nun freilich; dieses Abschach hab ich nicht
Gesehn, das meine Königin zugleich
Mit niederwirft.

Sittah. War dem noch abzuhelfen?
Laß sehn.

Saladin. Nein, nein; nimm nur die Königin.
Ich war mit diesem Steine nie recht glücklich.

Sittah.
Bloß mit dem Steine?

Saladin. Fort damit!—Das tut
Mir nichts. Denn so ist alles wiederum
Geschützt.

Sittah. Wie höflich man mit Königinnen
Verfahren müsse: hat mein Bruder mich
Zu wohl gelehrt. (Sie läßt sie stehen.)

Saladin. Nimm, oder nimm sie nicht!
Ich habe keine mehr.

Sittah. Wozu sie nehmen?
Schach!—Schach!

Saladin. Nur weiter.

Sittah. Schach!—und Schach!—und Schach!—

Saladin.
Und matt!

Sittah. Nicht ganz; du ziehst den Springer noch
Dazwischen; oder was du machen willst.
Gleichviel!

Saladin. Ganz recht!—Du hast gewonnen: und
Al-Hafi zahlt.—Man lass' ihn rufen! gleich!
Du hattest, Sittah, nicht so unrecht; ich
War nicht so ganz beim Spiele; war zerstreut.
Und dann: wer gibt uns denn die glatten Steine
Beständig? die an nichts erinnern, nichts
Bezeichnen. Hab ich mit dem Iman denn
Gespielt?—Doch was? Verlust will Vorwand. Nicht
Die umgeformten Steine, Sittah, sind's,

Die mich verlieren machten: deine Kunst,
Dein ruhiger und schneller Blick...

Sittah. Auch so
Willst du den Stachel des Verlusts nur stumpfen.
Genug, du warst zerstreut; und mehr als ich.

Saladin.
Als du? Was hätte dich zerstreuet?

Sittah. Deine
Zerstreuung freilich nicht!—O Saladin,
Wenn werden wir so fleißig wieder spielen.

Saladin.
So spielen wir um so viel gieriger!—
Ah! weil es wieder losgeht, meinst du?—Mag's!—
Nur zu!—Ich habe nicht zuerst gezogen;
Ich hätte gern den Stillestand aufs neue
Verlängert; hätte meiner Sittah gern,
Gern einen guten Mann zugleich verschafft.
Und das muß Richards Bruder sein: er ist
Ja Richards Bruder.

Sittah. Wenn du deinen Richard
Nur loben kannst!

Saladin. Wenn unserm Bruder Melek
Dann Richards Schwester wär' zu Teile worden:
Ha! welch ein Haus zusammen! Ha, der ersten,
Der besten Häuser in der Welt das beste!
Du hörst, ich bin mich selbst zu loben, auch
Nicht faul. Ich dünk mich meiner Freunde wert.
Das hätte Menschen geben sollen! das!

Sittah.
Hab ich des schönen Traums nicht gleich gelacht?
Du kennst die Christen nicht, willst sie nicht kennen.

Ihr Stolz ist: Christen sein; nicht Menschen. Denn
Selbst das, was, noch von ihrem Stifter her,
Mit Menschlichkeit den Aberglauben würzt,
Das lieben sie, nicht weil es menschlich ist:
Weil's Christus lehrt; weil's Christus hat getan.—
Wohl ihnen, daß er so ein guter Mensch
Noch war! Wohl ihnen, daß sie seine Tugend
Auf Treu und Glaube nehmen können!—Doch
Was Tugend?—Seine Tugend nicht; sein Name
Soll überall verbreitet werden; soll
Die Namen aller guten Menschen schänden,
Verschlingen. Um den Namen, um den Namen
Ist ihnen nur zu tun.

Saladin. Du meinst: warum
Sie sonst verlangen würden, daß auch ihr,
Auch du und Melek, Christen hießet, eh'
Als Ehgemahl ihr Christen lieben wolltet?

Sittah.
Jawohl! Als wär' von Christen nur, als Christen,
Die Liebe zu gewärtigen, womit
Der Schöpfer Mann und Männin ausgestattet!

Saladin.
Die Christen glauben mehr Armseligkeiten,
Als daß sie die nicht auch noch glauben könnten!
Und gleichwohl irrst du dich.—Die Tempelherren,
Die Christen nicht, sind schuld: sind nicht, als Christen,
Als Tempelherren schuld. Durch die allein
Wird aus der Sache nichts. Sie wollen Acca,
Das Richards Schwester unserm Bruder Melek
Zum Brautschatz bringen müßte, schlechterdings
Nicht fahren lassen. Daß des Ritters Vorteil
Gefahr nicht laufe, spielen sie den Mönch,

Den albern Mönch. Und ob vielleicht im Fluge
Ein guter Streich gelänge: haben sie
Des Waffenstillestandes Ablauf kaum
Erwarten können.—Lustig! Nur so weiter!
Ihr Herren, nur so weiter!—Mir schon recht!—
Wär' alles sonst nur, wie es müßte.

Sittah. Nun?
Was irrte dich denn sonst? Was könnte sonst
Dich aus der Fassung bringen?

Saladin. Was von je
Mich immer aus der Fassung hat gebracht.—
Ich war auf Libanon, bei unserm Vater.
Er unterliegt den Sorgen noch...

Sittah. O weh!

Saladin.
Er kann nicht durch; es klemmt sich allerorten;
Es fehlt bald da, bald dort—

Sittah. Was klemmt? was fehlt?

Saladin.
Was sonst, als was ich kaum zu nennen würd'ge?
Was, wenn ich's habe, mir so überflüssig,
Und hab ich's nicht, so unentbehrlich scheint.—
Wo bleibt Al-Hafi denn? Ist niemand nach
Ihm aus?—Das leidige, verwünschte Geld!—
Gut, Hafi, daß du kömmst.

Zweiter Auftritt

Der Derwisch Al-Hafi. Saladin. Sittah.

Al-Hafi. Die Gelder aus
Ägypten sind vermutlich angelangt.
Wenn's nur fein viel ist.

Saladin. Hast du Nachricht?

Al-Hafi. Ich?
Ich nicht. Ich denke, daß ich hier sie in
Empfang soll nehmen.

Saladin. Zahl an Sittah tausend
Dinare! (In Gedanken hin und her gebend.)

Al-Hafi. Zahl! anstatt empfang! O schön!
Das ist für Was noch weniger als Nichts.—
An Sittah?—wiederum an Sittah? Und
Verloren?—wiederum im Schach verloren?—
Da steht es noch das Spiel!

Sittah. Du gönnst mir doch
Mein Glück?

Al-Hafi (das Spiel betrachtend).
Was gönnen? Wenn—Ihr wißt ja wohl.

Sittah (ihm winkend).
Bst! Hafi! bst!

Al-Hafi (noch auf das Spiel gerichtet).
Gönnt's Euch nur selber erst!

Sittah.
Al-Hafi; bst!

Al-Hafi (zu Sittah). Die Weißen waren Euer?
Ihr bietet Schach?

Sittah. Gut, daß er nichts gehört.

Al-Hafi.
Nun ist der Zug an ihm?

Sittah (ihm nähertretend). So sage doch,
Daß ich mein Geld bekommen kann.

Al-Hafi (noch auf das Spiel geheftet).
Nun ja;
Ihr sollt's bekommen, wie Ihr's stets bekommen.

Sittah.
Wie? bist du toll?

Al-Hafi. Das Spiel ist ja nicht aus.
Ihr habt ja nicht verloren, Saladin.

Saladin (kaum hinhörend).
Doch! doch! Bezahl! bezahl!

Al-Hafi. Bezahl! bezahl!
Da steht ja Eure Königin.

Saladin (noch so). Gilt nicht;
Gehört nicht mehr ins Spiel.

Sittah. So mach und sag,
Daß ich das Geld mir nur kann holen lassen.

Al-Hafi (noch immer in das Spiel vertieft).
Versteht sich, so wie immer.—Wenn auch schon;
Wenn auch die Königin nichts gilt: Ihr seid
Doch darum noch nicht matt.

Saladin (tritt hinzu und wirft das Spiel um).
Ich bin es; will
Es sein.

Al-Hafi. Ja so!—Spiel wie Gewinst! So wie
Gewonnen, so bezahlt.

Saladin (zu Sittah). Was sagt er? was?

Sittah (von Zeit zu Zeit dem Hafi winkend).
Du kennst ihn ja. Er sträubt sich gern; läßt gern
Sich bitten; ist wohl gar ein wenig neidisch.—

Saladin.
Auf dich doch nicht? Auf meine Schwester nicht?
Was hör ich, Hafi? Neidisch? du?

Al-Hafi. Kann sein!
Kann sein!—Ich hätt' ihr Hirn wohl lieber selbst;
Wär' lieber selbst so gut, als sie.

Sittah. Indes
Hat er doch immer richtig noch bezahlt.
Und wird auch heut bezahlen. Laß ihn nur!—
Geh nur, Al-Hafi, geh! Ich will das Geld
Schon holen lassen.

Al-Hafi. Nein; ich spiele länger
Die Mummerei nicht mit. Er muß es doch
Einmal erfahren.

Saladin. Wer? und was?

Sittah. Al-Hafi!
Ist dieses dein Versprechen? Hältst du so
Mir Wort?

Al-Hafi. Wie konnt' ich glauben, daß es so
Weit gehen würde.

Saladin. Nun? erfahr ich nichts?

Sittah.
Ich bitte dich, Al-Hafi; sei bescheiden.

Saladin.
Das ist doch sonderbar! Was könnte Sittah
So feierlich, so warm bei einem Fremden,
Bei einem Derwisch lieber, als bei mir,
Bei ihrem Bruder, sich verbitten wollen.
Al-Hafi, nun befehl ich.—Rede, Derwisch!

Sittah.
Laß eine Kleinigkeit, mein Bruder, dir
Nicht näher treten, als sie würdig ist.
Du weißt, ich habe zu verschiednen Malen
Dieselbe Summ' im Schach von dir gewonnen.
Und weil ich itzt das Geld nicht nötig habe;
Weil itzt in Hafis Kasse doch das Geld
Nicht eben allzuhäufig ist: so sind
Die Posten stehngeblieben. Aber sorgt
Nur nicht! Ich will sie weder dir, mein Bruder,
Noch Hafi, noch der Kasse schenken.

Al-Hafi. Ja,
Wenn's das nur wäre! das!

Sittah. Und mehr dergleichen.—
Auch das ist in der Kasse stehngeblieben,
Was du mir einmal ausgeworfen; ist
Seit wenig Monden stehngeblieben.

Al-Hafi. Noch
Nicht alles.

Saladin. Noch nicht?—Wirst du reden?

Al-Hafi.
Seit aus Ägypten wir das Geld erwarten,
Hat sie...

Sittah (zu Saladin). Wozu ihn hören?

52

Al-Hafi. Nicht nur nichts
Bekommen...

Saladin. Gutes Mädchen!—Auch beiher
Mit vorgeschossen. Nicht?

Al-Hafi. Den ganzen Hof
Erhalten; Euern Aufwand ganz allein
Bestritten.

Saladin. Ha! das, das ist meine Schwester!
(Sie umarmend.)

Sittah.
Wer hatte, dies zu können, mich so reich
Gemacht, als du, mein Bruder?

Al-Hafi. Wird schon auch
So bettelarm sie wieder machen, als
Er selber ist.

Saladin. Ich arm? der Bruder arm?
Wenn hab ich mehr? wenn weniger gehabt?—
Ein Kleid, Ein Schwert, Ein Pferd,—und Einen Gott!
Was brauch ich mehr? Wenn kann's an dem mir fehlen?
Und doch, Al-Hafi, könnt' ich mit dir schelten.

Sittah.
Schilt nicht, mein Bruder. Wenn ich unserm Vater
Auch seine Sorgen so erleichtern könnte!

Saladin.
Ah! Ah! Nun schlägst du meine Freudigkeit
Auf einmal wieder nieder!—Mir, für mich
Fehlt nichts, und kann nichts fehlen. Aber ihm,
Ihm fehlet; und in ihm uns allen.—Sagt,
Was soll ich machen?—Aus Ägypten kommt
Vielleicht noch lange nichts. Woran das liegt,

Weiß Gott. Es ist doch da noch alles ruhig.—
Abbrechen, einziehn, sparen, will ich gern,
Mir gern gefallen lassen; wenn es mich,
Bloß mich betrifft; bloß mich, und niemand sonst
Darunter leidet.—Doch was kann das machen?
Ein Pferd, Ein Kleid, Ein Schwert, muß ich doch haben.
Und meinem Gott ist auch nichts abzudingen.
Ihm gnügt schon so mit wenigem genug;
Mit meinem Herzen.—Auf den Überschuß
Von deiner Kasse, Hafi, hatt' ich sehr
Gerechnet.

Al-Hafi. Überschuß?—Sagt selber, ob
Ihr mich nicht hättet spießen, wenigstens
Mich drosseln lassen, wenn auf Überschuß
Ich von Euch wär' ergriffen worden. Ja,
Auf Unterschleif! das war zu wagen.

Saladin. Nun,
Was machen wir denn aber?—Konntest du
Vorerst bei niemand andern borgen, als
Bei Sittah?

Sittah. Würd' ich dieses Vorrecht, Bruder,
Mir haben nehmen lassen? Mir von ihm?
Auch noch besteh ich drauf. Noch bin ich auf
Dem Trocknen völlig nicht.

Saladin. Nur völlig nicht!
Das fehlte noch!—Geh gleich, mach Anstalt, Hafi!
Nimm auf bei wem du kannst! und wie du kannst!
Geh, borg, versprich.—Nur, Hafi, borge nicht
Bei denen, die ich reich gemacht. Denn borgen
Von diesen, möchte wiederfordern heißen.
Geh zu den Geizigsten; die werden mir

Am liebsten leihen. Denn sie wissen wohl,
Wie gut ihr Geld in meinen Händen wuchert.

Al-Hafi.
Ich kenne deren keine.

Sittah. Eben fällt
Mir ein, gehört zu haben, Hafi, daß
Dein Freund zurückgekommen.

Al-Hafi (betroffen). Freund? mein Freund?
Wer wär' denn das?

Sittah. Dein hochgepriesner Jude.

Al-Hafi.
Gepriesner Jude? hoch von mir?

Sittah. Dem Gott,—
Mich denkt des Ausdrucks noch recht wohl, des einst
Du selber dich von ihm bedientest,—dem
Sein Gott von allen Gütern dieser Welt
Das Kleinst' und Größte so in vollem Maß
Erteilet habe.—

Al-Hafi. Sagt' ich so?—Was meint'
Ich denn damit?

Sittah. Das Kleinste: Reichtum. Und
Das Größte: Weisheit.

Al-Hafi. Wie? von einem Juden?
Von einem Juden hätt' ich das gesagt?

Sittah.
Das hättest du von deinem Nathan nicht
Gesagt?

Al-Hafi. Ja so! von dem! vom Nathan!—Fiel
Mir der doch gar nicht bei.—Wahrhaftig? Der

Ist endlich wieder heimgekommen? Ei!
So mag's doch gar so schlecht mit ihm nicht stehn.—
Ganz recht: den nannt' einmal das Volk den Weisen!
Den Reichen auch.

Sittah. Den Reichen nennt es ihn
Itzt mehr als je. Die ganze Stadt erschallt,
Was für Kostbarkeiten, was für Schätze
Er mitgebracht.

Al-Hafi. Nun, ist's der Reiche wieder:
So wird's auch wohl der Weise wieder sein.

Sittah.
Was meinst du, Hafi, wenn du diesen angingst?

Al-Hafi.
Und was bei ihm?—Doch wohl nicht borgen?—Ja,
Da kennt Ihr ihn.—Er borgen!—Seine Weisheit
Ist eben, daß er niemand borgt.

Sittah. Du hast
Mir sonst doch ganz ein ander Bild von ihm
Gemacht.

Al-Hafi. Zur Not wird er Euch Waren borgen.
Geld aber, Geld? Geld nimmermehr.—Es ist
Ein Jude freilich übrigens, wie's nicht
Viel Juden gibt. Er hat Verstand; er weiß
Zu leben; spielt gut Schach. Doch zeichnet er
Im Schlechten sich nicht minder, als im Guten
Von allen andern Juden aus.—Auf den,
Auf den nur rechnet nicht.—Den Armen gibt
Er zwar; und gibt vielleicht trotz Saladin.
Wenn schon nicht ganz so viel; doch ganz so gern;
Doch ganz so sonder Ansehn. Jud' und Christ

Und Muselmann und Parsi, alles ist
Ihm eins.

Sittah. Und so ein Mann...

Saladin. Wie kommt es denn,
Daß ich von diesem Manne nie gehört?...

Sittah.
Der sollte Saladin nicht borgen? nicht
Dem Saladin, der nur für andre braucht,
Nicht sich?

Al-Hafi. Da seht nun gleich den Juden wieder;
Den ganz gemeinen Juden!—Glaubt mir's doch!—
Er ist aufs Geben Euch so eifersüchtig,
So neidisch! Jedes Lohn von Gott, das in
Der Welt gesagt wird, zög' er lieber ganz
Allein. Nur darum eben leiht er keinem,
Damit er stets zu geben habe. Weil
Die Mild' ihm im Gesetz geboten; die
Gefälligkeit ihm aber nicht geboten: macht
Die Mild' ihn zu dem ungefälligsten
Gesellen auf der Welt. Zwar bin ich seit
Geraumer Zeit ein wenig übern Fuß
Mit ihm gespannt; doch denkt nur nicht, daß ich
Ihm darum nicht Gerechtigkeit erzeige.
Er ist zu allem gut: bloß dazu nicht;
Bloß dazu wahrlich nicht. Ich will auch gleich
Nur gehn, an andre Türen klopfen... Da
Besinn ich mich soeben eines Mohren,
Der reich und geizig ist.—Ich geh; ich geh.

Sittah.
Was eilst du, Hafi?

Saladin. Laß ihn! laß ihn!

Dritter Auftritt

Sittah. Saladin.

Sittah. Eilt
Er doch, als ob er mir nur gern entkäme!
Was heißt das?—Hat er wirklich sich in ihm
Betrogen, oder—möcht' er uns nur gern
Betrügen?

Saladin. Wie? das fragst du mich? Ich weiß
Ja kaum, von wem die Rede war; und höre
Von euerm Juden, euerm Nathan heut
Zum erstenmal.

Sittah. Ist's möglich? daß ein Mann
Dir so verborgen blieb, von dem es heißt,
Er habe Salomons und Davids Gräber
Erforscht, und wisse deren Siegel durch
Ein mächtiges geheimes Wort zu lösen?
Aus ihnen bring' er dann von Zeit zu Zeit
Die unermeßlichen Reichtümer an
Den Tag, die keinen mindern Quell verrieten.

Saladin.
Hat seinen Reichtum dieser Mann aus Gräbern,
So waren's sicherlich nicht Salomons,
Nicht Davids Gräber. Narren lagen da
Begraben!

Sittah. Oder Bösewichter!—Auch
Ist seines Reichtums Quelle weit ergiebiger,
Weit unerschöpflicher, als so ein Grab
Voll Mammon.

Saladin. Denn er handelt; wie ich hörte.

Sittah.
Sein Saumtier treibt auf allen Straßen, zieht
Durch alle Wüsten; seine Schiffe liegen
In allen Häfen. Das hat mir wohl eh'
Al-Hafi selbst gesagt; und voll Entzücken
Hinzugefügt, wie groß, wie edel dieser
Sein Freund anwende, was so klug und emsig
Er zu erwerben für zu klein nicht achte.
Hinzugefügt, wie frei von Vorurteilen
Sein Geist; sein Herz wie offen jeder Tugend,
Wie eingestimmt mit jeder Schönheit sei.

Saladin.
Und itzt sprach Hafi doch so ungewiß,
So kalt von ihm.

Sittah. Kalt nun wohl nicht; verlegen.
Als halt' er's für gefährlich, ihn zu loben,
Und woll' ihn unverdient doch auch nicht tadeln.—
Wie? oder wär' es wirklich so, daß selbst
Der Beste seines Volkes seinem Volke
Nicht ganz entfliehen kann? daß wirklich sich
Al-Hafi seines Freunds von dieser Seite
Zu schämen hätte?—Sei dem, wie ihm wolle!—
Der Jude sei mehr oder weniger
Als Jud', ist er nur reich: genug für uns!

Saladin.
Du willst ihm aber doch das Seine mit
Gewalt nicht nehmen, Schwester?

Sittah. Ja, was heißt
Bei dir Gewalt? Mit Feu'r und Schwert? Nein, nein,
Was braucht es mit den Schwachen für Gewalt,
Als ihre Schwäche?—Komm vor itzt nur mit
In meinen Haram, eine Sängerin

Zu hören, die ich gestern erst gekauft.
Es reift indes bei mir vielleicht ein Anschlag,
Den ich auf diesen Nathan habe.—Komm!

Vierter Auftritt

(Szene: vor dem Hause des Nathan, wo es an die Palmen stößt.)

Recha und Nathan kommen heraus. Zu ihnen Daja.

Recha.
Ihr habt Euch sehr verweilt, mein Vater. Er
Wird kaum noch mehr zu treffen sein.

Nathan. Nun, nun;
Wenn hier, hier untern Palmen schon nicht mehr:
Doch anderwärts.—Sei itzt nur ruhig.—Sieh!
Kömmt dort nicht Daja auf uns zu?

Recha. Sie wird
Ihn ganz gewiß verloren haben.

Nathan. Auch
Wohl nicht.

Recha. Sie würde sonst geschwinder kommen.

Nathan.
Sie hat uns wohl noch nicht gesehn...

Recha. Nun sieht
Sie uns.

Nathan. Und doppelt ihre Schritte. Sieh!
Sei doch nur ruhig! ruhig!

Recha. Wolltet Ihr
Wohl eine Tochter, die hier ruhig wäre?
Sich unbekümmert ließe, wessen Wohltat

Ihr Leben sei? Ihr Leben,—das ihr nur
So lieb, weil sie es Euch zuerst verdanket.

Nathan.
Ich möchte dich nicht anders, als du bist:
Auch wenn ich wüßte, daß in deiner Seele
Ganz etwas anders noch sich rege.

Recha. Was,
Mein Vater?

Nathan. Fragst du mich? so schüchtern mich?
Was auch in deinem Innern vorgeht, ist
Natur und Unschuld. Laß es keine Sorge
Dir machen. Mir, mir macht es keine. Nur
Versprich mir: wenn dein Herz vernehmlicher
Sich einst erklärt, mir seiner Wünsche keinen
Zu bergen.

Recha. Schon die Möglichkeit, mein Herz
Euch lieber zu verhüllen, macht mich zittern.

Nathan.
Nichts mehr hiervon! Das ein für allemal
Ist abgetan.—Da ist ja Daja.—Nun?

Daja.
Noch wandelt er hier untern Palmen; und
Wird gleich um jene Mauer kommen.—Seht,
Da kömmt er!

Recha. Ah! und scheinet unentschlossen,
Wohin? ob weiter? ob hinab? ob rechts?
Ob links?

Daja. Nein, nein; er macht den Weg ums Kloster
Gewiß noch öfter; und dann muß er hier
Vorbei.—Was gilt's?

Recha. Recht! recht!—Hast du ihn schon
Gesprochen? Und wie ist er heut?

Daja. Wie immer.

Nathan.
So macht nur, daß er Euch hier nicht gewahr
Wird. Tretet mehr zurück. Geht lieber ganz
Hinein.

Recha. Nur einen Blick noch!—Ah! die Hecke,
Die mir ihn stiehlt.

Daja. Kommt! kommt! Der Vater hat
Ganz recht. Ihr lauft Gefahr, wenn er Euch sieht,
Daß auf der Stell' er umkehrt.

Recha. Ah! die Hecke!

Nathan.
Und kömmt er plötzlich dort aus ihr hervor:
So kann er anders nicht, er muß Euch sehn.
Drum geht doch nur!

Daja. Kommt! kommt! Ich weiß ein Fenster,
Aus dem wir sie bemerken können.

Recha. Ja?

(Beide hinein.)

Fünfter Auftritt

Nathan und bald darauf der Tempelherr.

Nathan.
Fast scheu ich mich des Sonderlings. Fast macht
Mich seine rauhe Tugend stutzen. Daß
Ein Mensch doch einen Menschen so verlegen

Soll machen können!—Ha! er kömmt.—Bei Gott!
Ein Jüngling wie ein Mann. Ich mag ihn wohl
Den guten, trotz'gen Blick! den prallen Gang!
Die Schale kann nur bitter sein: der Kern
Ist's sicher nicht.—Wo sah ich doch dergleichen?—
Verzeihet, edler Franke...

Tempelherr. Was?

Nathan. Erlaubt...

Tempelherr.
Was, Jude? was?

Nathan. Daß ich mich untersteh,
Euch anzureden.

Tempelherr. Kann ich's wehren? Doch
Nur kurz.

Nathan. Verzieht, und eilet nicht so stolz,
Nicht so verächtlich einem Mann vorüber,
Den Ihr auf ewig Euch verbunden habt.

Tempelherr.
Wie das?—Ah, fast errat ich's. Nicht? Ihr seid...

Nathan.
Ich heiße Nathan; bin des Mädchens Vater,
Das Eure Großmut aus dem Feu'r gerettet;
Und komme...

Tempelherr. Wenn zu danken:—spart's! Ich hab
Um diese Kleinigkeit des Dankes schon
Zu viel erdulden müssen.—Vollends Ihr,
Ihr seid mir gar nichts schuldig. Wußt' ich denn,
Daß dieses Mädchen Eure Tochter war?
Es ist der Tempelherren Pflicht, dem ersten
Dem besten beizuspringen, dessen Not

Sie sehn. Mein Leben war mir ohnedem
In diesem Augenblicke lästig. Gern,
Sehr gern ergriff ich die Gelegenheit,
Es für ein andres Leben in die Schanze
Zu schlagen: für ein andres—wenn's auch nur
Das Leben einer Jüdin wäre.

Nathan. Groß!
Groß und abscheulich!—Doch die Wendung läßt
Sich denken. Die bescheidne Größe flüchtet
Sich hinter das Abscheuliche, um der
Bewundrung auszuweichen.—Aber wenn
Sie so das Opfer der Bewunderung
Verschmäht: was für ein Opfer denn verschmäht
Sie minder?—Ritter, wenn Ihr hier nicht fremd
Und nicht gefangen wäret, würd' ich Euch
So dreist nicht fragen. Sagt, befehlt: womit
Kann man Euch dienen?

Tempelherr. Ihr? Mit nichts.

Nathan. Ich bin
Ein reicher Mann.

Tempelherr. Der reichre Jude war
Mir nie der beßre Jude.

Nathan. Dürft Ihr denn
Darum nicht nützen, was demungeachtet
Er Beßres hat? nicht seinen Reichtum nützen?

Tempelherr.
Nun gut, das will ich auch nicht ganz verreden;
Um meines Mantels willen nicht. Sobald
Der ganz und gar verschlissen; weder Stich
Noch Fetze länger halten will: komm ich
Und borge mir bei Euch zu einem neuen,

Tuch oder Geld.—Seht nicht mit eins so finster!
Noch seid Ihr sicher; noch ist's nicht so weit
Mit ihm. Ihr seht; er ist so ziemlich noch
Im Stande. Nur der eine Zipfel da
Hat einen garstigen Fleck; er ist versengt.
Und das bekam er, als ich Eure Tochter
Durchs Feuer trug.

Nathan (der nach dem Zipfel greift und ihn betrachtet).
Es ist doch sonderbar,
Daß so ein böser Fleck, daß so ein Brandmal
Dem Mann ein beßres Zeugnis redet, als
Sein eigner Mund. Ich möcht' ihn küssen gleich—
Den Flecken!—Ah, verzeiht!—Ich tat es ungern.

Tempelherr.
Was?

Nathan. Eine Träne fiel darauf.

Tempelherr. Tut nichts!
Er hat der Tropfen mehr.—(Bald aber fängt
Mich dieser Jud' an zu verwirren.)

Nathan. Wärt
Ihr wohl so gut, und schicktet Euern Mantel
Auch einmal meinem Mädchen?

Tempelherr. Was damit?

Nathan.
Auch ihren Mund an diesen Fleck zu drücken.
Denn Eure Kniee selber zu umfassen,
Wünscht sie nun wohl vergebens.

Tempelherr. Aber, Jude—
Ihr heißet Nathan?—Aber, Nathan—Ihr

Setzt Eure Worte sehr—sehr gut—sehr spitz—
Ich bin betreten—Allerdings—ich hätte...

Nathan.
Stellt und verstellt Euch, wie Ihr wollt. Ich find
Auch hier Euch aus. Ihr wart zu gut, zu bieder,
Um höflicher zu sein.—Das Mädchen, ganz
Gefühl; der weibliche Gesandte, ganz
Dienstfertigkeit; der Vater weit entfernt—
Ihr trugt für ihren guten Namen Sorge;
Floht ihre Prüfung; floht, um nicht zu siegen.
Auch dafür dank ich Euch—

Tempelherr. Ich muß gestehn,
Ihr wißt, wie Tempelherren denken sollten.

Nathan.
Nur Tempelherren? sollten bloß? und bloß
Weil es die Ordensregeln so gebieten?
Ich weiß, wie gute Menschen denken; weiß,
Daß alle Länder gute Menschen tragen.

Tempelherr.
Mit Unterschied, doch hoffentlich?

Nathan. Jawohl;
An Farb', an Kleidung, an Gestalt verschieden.

Tempelherr.
Auch hier bald mehr, bald weniger, als dort.

Nathan.
Mit diesem Unterschied ist's nicht weit her.
Der große Mann braucht überall viel Boden;
Und mehrere, zu nah gepflanzt, zerschlagen
Sich nur die Äste. Mittelgut, wie wir,
Find't sich hingegen überall in Menge.
Nur muß der eine nicht den andern mäkeln.

Nur muß der Knorr den Knuppen hübsch vertragen.
Nur muß ein Gipfelchen sich nicht vermessen,
Daß es allein der Erde nicht entschossen.

Tempelherr.
Sehr wohl gesagt!—Doch kennt Ihr auch das Volk,
Das diese Menschenmäkelei zuerst
Getrieben? Wißt Ihr, Nathan, welches Volk
Zuerst das auserwählte Volk sich nannte?
Wie? wenn ich dieses Volk nun, zwar nicht haßte,
Doch wegen seines Stolzes zu verachten,
Mich nicht entbrechen könnte? Seines Stolzes;
Den es auf Christ und Muselmann vererbte,
Nur sein Gott sei der rechte Gott!—Ihr stutzt,
Daß ich, ein Christ, ein Tempelherr, so rede?
Wenn hat, und wo die fromme Raserei,
Den bessern Gott zu haben, diesen bessern
Der ganzen Welt als besten auf zudringen,
In ihrer schwärzesten Gestalt sich mehr
Gezeigt, als hier, als itzt? Wem hier, wem itzt
Die Schuppen nicht vom Auge fallen... Doch
Sei blind, wer will!—Vergeßt, was ich gesagt;
Und laßt mich! (Will gehen.)

Nathan. Ha! Ihr wißt nicht, wie viel fester
Ich nun mich an Euch drängen werde.—Kommt,
Wir müssen, müssen Freunde sein!—Verachtet
Mein Volk so sehr Ihr wollt. Wir haben beide
Uns unser Volk nicht auserlesen. Sind
Wir unser Volk? Was heißt denn Volk?
Sind Christ und Jude eher Christ und Jude,
Als Mensch? Ah! wenn ich einen mehr in Euch
Gefunden hätte, dem es gnügt, ein Mensch
Zu heißen!

Tempelherr. Ja, bei Gott, das habt Ihr, Nathan!
Das habt Ihr!—Eure Hand!—Ich schäme mich,
Euch einen Augenblick verkannt zu haben.

Nathan.
Und ich bin stolz darauf. Nur das Gemeine
Verkennt man selten.

Tempelherr. Und das Seltene
Vergißt man schwerlich.—Nathan, ja;
Wir müssen, müssen Freunde werden.

Nathan. Sind
Es schon.—Wie wird sich meine Recha freuen!—
Und ah! welch eine heitre Ferne schließt
Sich meinen Blicken auf!—Kennt sie nur erst.

Tempelherr.
Ich brenne vor Verlangen.—Wer stürzt dort
Aus Euerm Hause? Ist's nicht ihre Daja?

Nathan.
Jawohl. So ängstlich?

Tempelherr. Unsrer Recha ist
Doch nichts begegnet?

Sechster Auftritt

Die Vorigen und Daja eilig.

Daja. Nathan! Nathan!

Nathan. Nun?

Daja.
Verzeihet, edler Ritter, daß ich Euch
Muß unterbrechen.

Nathan. Nun, was ist's?

Tempelherr. Was ist's?

Daja.
Der Sultan hat geschickt. Der Sultan will
Euch sprechen. Gott, der Sultan!

Nathan. Mich? der Sultan?
Er wird begierig sein, zu sehen, was
Ich Neues mitgebracht. Sag nur, es sei
Noch wenig oder gar nichts ausgepackt.

Daja.
Nein, nein; er will nichts sehen; will Euch sprechen,
Euch in Person, und bald; sobald Ihr könnt.—

Nathan.
Ich werde kommen.—Geh nur wieder, geh!

Daja.
Nehmt ja nicht übel auf, gestrenger Ritter—
Gott, wir sind so bekümmert, was der Sultan
Doch will.

Nathan. Das wird sich zeigen. Geh nur, geh!

Siebenter Auftritt

Nathan und der Tempelherr.

Tempelherr.
So kennt Ihr ihn noch nicht?—ich meine, von
Person.

Nathan. Den Saladin? Noch nicht. Ich habe
Ihn nicht vermieden, nicht gesucht zu kennen.
Der allgemeine Ruf sprach viel zu gut
Von ihm, daß ich nicht lieber glauben wollte,

Als sehn. Doch nun,—wenn anders dem so ist,
Hat er durch Sparung Eures Lebens...

Tempelherr. Ja; Dem allerdings ist so. Das Leben, das ich leb, ist sein Geschenk.

Nathan. Durch das er mir
Ein doppelt, dreifach Leben schenkte. Dies
Hat alles zwischen uns verändert; hat
Mit eins ein Seil mir umgeworfen, das
Mich seinem Dienst auf ewig fesselt. Kaum,
Und kaum, kann ich es nun erwarten, was
Er mir zuerst befehlen wird. Ich bin
Bereit zu allem; bin bereit ihm zu
Gestehn, daß ich es Euertwegen bin.

Tempelherr.
Noch hab ich selber ihm nicht danken können:
Sooft ich auch ihm in den Weg getreten.
Der Eindruck, den ich auf ihn machte, kam
So schnell, als schnell er wiederum verschwunden.
Wer weiß, ob er sich meiner gar erinnert.
Und dennoch muß er, einmal wenigstens,
Sich meiner noch erinnern, um mein Schicksal
Ganz zu entscheiden. Nicht genug, daß ich
Auf sein Geheiß noch bin, mit seinem Willen
Noch leb: ich muß nun auch von ihm erwarten,
Nach wessen Willen ich zu leben habe.

Nathan.
Nicht anders; um so mehr will ich nicht säumen.—
Es fällt vielleicht ein Wort, das mir, auf Euch
Zu kommen, Anlaß gibt.—Erlaubt, verzeiht—
Ich eile—Wenn, wenn aber sehn wir Euch
Bei uns?

Tempelherr. Sobald ich darf.

Nathan. Sobald Ihr wollt.

Tempelherr.
Noch heut.

Nathan. Und Euer Name?—muß ich bitten.

Tempelherr.
Mein Name war—ist Curd von Stauffen.—Curd!

Nathan.
Von Stauffen?—Stauffen?—Stauffen?

Tempelherr. Warum fällt
Euch das so auf?

Nathan. Von Stauffen?—Des Geschlechts
Sind wohl noch mehrere...

Tempelherr. O ja! hier waren,
Hier faulen des Geschlechts schon mehrere.
Mein Oheim selbst,—mein Vater will ich sagen,
Doch warum schärft sich Euer Blick auf mich
Je mehr und mehr?

Nathan. O nichts! o nichts! Wie kann
Ich Euch zu sehn ermüden?

Tempelherr. Drum verlaß
Ich Euch zuerst. Der Blick des Forschers fand
Nicht selten mehr, als er zu finden wünschte.
Ich fürcht ihn, Nathan. Laßt die Zeit allmählich,
Und nicht die Neugier, unsre Kundschaft machen.

(Er geht.)

Nathan (der ihm mit Erstaunen nachsieht).
"Der Forscher fand nicht selten mehr, als er
Zu finden wünschte."—Ist es doch, als ob
In meiner Seel' er lese!—Wahrlich ja;

Das könnt' auch mir begegnen.—Nicht allein
Wolfs Wuchs, Wolfs Gang: auch seine Stimme. So,
Vollkommen so, warf Wolf sogar den Kopf;
Trug Wolf sogar das Schwert im Arm'; strich Wolf
Sogar die Augenbraunen mit der Hand,
Gleichsam das Feuer seines Blicks zu bergen.
Wie solche tiefgeprägte Bilder doch
Zu Zeiten in uns schlafen können, bis
Ein Wort, ein Laut sie weckt.—Von Stauffen!—
Ganz redet, ganz recht; Filnek und Stauffen.—
Ich will das bald genauer wissen; bald.
Nur erst zum Saladin.—Doch wie? lauscht dort
Nicht Daja?—Nun so komm nur näher, Daja.

Achter Auftritt

Daja. Nathan.

Nathan.
Was gilt's? nun drückt's euch beiden schon das Herz,
Noch ganz was anders zu erfahren, als
Was Saladin mir will.

Daja. Verdenkt Ihr's ihr?
Ihr fingt soeben an, vertraulicher
Mit ihm zu sprechen: als des Sultans Botschaft
Uns von dem Fenster scheuchte.

Nathan. Nun, so sag
Ihr nur, daß sie ihn jeden Augenblick
Erwarten darf.

Daja. Gewiß? gewiß?

Nathan. Ich kann
Mich doch auf dich verlassen, Daja? Sei

Auf deiner Hut; ich bitte dich. Es soll
Dich nicht gereuen. Dein Gewissen selbst
Soll seine Rechnung dabei finden. Nur
Verdirb mir nichts in meinem Plane. Nur
Erzähl und frage mit Bescheidenheit,
Mit Rückhalt...

Daja. Daß Ihr doch noch erst so was
Erinnern könnt!—Ich geh; geht Ihr nur auch.
Denn seht! ich glaube gar, da kömmt vom Sultan
Ein zweiter Bot', Al-Hafi, Euer Derwisch. (Geht ab.)

Neunter Auftritt

Nathan. Al-Hafi.

Al-Hafi.
Ha! ha! zu Euch wollt' ich nun eben wieder.

Nathan.
Ist's denn so eilig? Was verlangt er denn
Von mir?

Al-Hafi. Wer?

Nathan. Saladin.—Ich komm, ich komme.

Al-Hafi.
Zu wem? Zum Saladin?

Nathan. Schickt Saladin
Dich nicht?

Al-Hafi. Mich? nein. Hat er denn schon geschickt?

Nathan.
Ja freilich hat er.

Al-Hafi. Nun, so ist es richtig.

Nathan.
Was? was ist richtig?

Al-Hafi. Daß... ich bin nicht schuld;
Gott weiß, ich bin nicht schuld.—Was hab ich nicht
Von Euch gesagt, gelogen, um es abzuwenden!

Nathan.
Was abzuwenden? Was ist richtig?

Al-Hafi. Daß
Nun Ihr sein Defterdar geworden. Ich
Bedaur' Euch. Doch mit ansehn will ich's nicht.
Ich geh von Stund an; geh. Ihr habt es schon
Gehört, wohin; und wißt den Weg.—Habt Ihr
Des Wegs was zu bestellen, sagt: ich bin
Zu Diensten. Freilich muß es mehr nicht sein,
Als was ein Nackter mit sich schleppen kann.
Ich geh, sagt bald.

Nathan. Besinn dich doch, Al-Hafi.
Besinn dich, daß ich noch von gar nichts weiß.
Was plauderst du denn da?

Al-Hafi. Ihr bringt sie doch
Gleich mit, die Beutel?

Nathan. Beutel?

Al-Hafi. Nun, das Geld,
Das Ihr dem Saladin vorschießen sollt.
Nathan.
Und weiter ist es nichts?

Al-Hafi. Ich sollt' es wohl
Mit ansehn, wie er Euch von Tag zu Tag
Aushöhlen wird bis auf die Zehen? Sollt'
Es wohl mit ansehn, daß Verschwendung aus

Der weisen Milde sonst nie leeren Scheuern
So lange borgt, und borgt, und borgt, bis auch
Die armen eingebornen Mäuschen drin
Verhungern?—Bildet Ihr vielleicht Euch ein,
Wer Euers Gelds bedürftig sei, der werde
Doch Euerm Rate wohl auch folgen?—Ja;
Er Rate folgen! Wenn hat Saladin
Sich raten lassen?—Denkt nur, Nathan, was
Mir eben itzt mit ihm begegnet.

Nathan. Nun?

Al-Hafi.
Da komm ich zu ihm, eben daß er Schach
Gespielt mit seiner Schwester. Sittah spielt
Nicht übel; und das Spiel, das Saladin
Verloren glaubte, schon gegeben hatte,
Das stand noch ganz so da. Ich seh Euch hin,
Und sehe, daß das Spiel noch lange nicht
Verloren.

Nathan. Ei! das war für dich ein Fund!

Al-Hafi.
Er durfte mit dem König an den Bauer
Nur rücken, auf ihr Schach.—Wenn ich's Euch gleich
Nur zeigen könnte!

Nathan. O ich traue dir!

Al-Hafi.
Denn so bekam der Roche Feld: und sie
War hin.—Das alles will ich ihm nun weisen
Und ruf ihn.—Denkt!...

Nathan. Er ist nicht deiner Meinung?

Al-Hafi.
Er hört mich gar nicht an, und wirft verächtlich
Das ganze Spiel in Klumpen.

Nathan. Ist das möglich?

Al-Hafi.
Und sagt: er wolle matt nun einmal sein;
Er wolle! Heißt das spielen?

Nathan. Schwerlich wohl;
Heißt mit dem Spielen spielen.

Al-Hafi. Gleichwohl galt
Es keine taube Nuß.

Nathan. Geld hin, Geld her!
Das ist das wenigste. Allein dich gar
Nicht anzuhören! über einen Punkt
Von solcher Wichtigkeit dich nicht einmal
Zu hören! deinen Adlerblick nicht zu
Bewundern! das, das schreit um Rache; nicht?

Al-Hafi.
Ach was! Ich sage Euch das nur, damit
Ihr sehen könnt, was für ein Kopf er ist.
Kurz, ich, ich halt's mit ihm nicht länger aus.
Da lauf ich nun bei allen schmutz'gen Mohren
Herum, und frage, wer ihm borgen will.
Ich, der ich nie für mich gebettelt habe,
Soll nun für andre borgen. Borgen ist
Viel besser nicht als betteln: so wie leihen,
Auf Wucher leihen, nicht viel besser ist,
Als stehlen. Unter meinen Ghebern, an
Dem Ganges, brauch ich beides nicht, und brauche
Das Werkzeug beider nicht zu sein. Am Ganges,
Am Ganges nur gibt's Menschen. Hier seid Ihr

Der einzige, der noch so würdig wäre,
Daß er am Ganges lebte.—Wollt Ihr mit?—
Laßt ihm mit eins den Plunder ganz im Stiche,
Um den es ihm zu tun. Er bringt Euch nach
Und nach doch drum. So wär' die Plackerei
Auf einmal aus. Ich schaff Euch einen Delk.
Kommt! kommt!

Nathan. Ich dächte zwar, das blieb' uns ja
Noch immer übrig. Doch, Al-Hafi, will
Ich's überlegen. Warte...

Al-Hafi. Überlegen?
Nein, so was überlegt sich nicht.

Nathan. Nur bis
Ich von dem Sultan wiederkomme; bis
Ich Abschied erst...

Al-Hafi. Wer überlegt, der sucht
Bewegungsgründe, nicht zu dürfen. Wer
Sich Knall und Fall, ihm selbst zu leben, nicht,
Entschließen kann, der lebet andrer Sklav'
Auf immer.—Wie Ihr wollt!—Lebt wohl! wie's Euch
Wohl dünkt.—Mein Weg liegt dort; und Eurer da.

Nathan.
Al-Hafi! Du wirst selbst doch erst das Deine
Berichtigen?

Al-Hafi. Ach Possen! Der Bestand
Von meiner Kass' ist nicht des Zählens wert;
Und meine Rechnung bürgt—Ihr oder Sittah.
Lebt wohl! (Ab.)

Nathan (ihm nachsehend).
Die bürg ich!—Wilder, guter, edler—
Wie nenn ich ihn?—Der wahre Bettler ist

Doch einzig und allein der wahre König!
(Von einer andern Seite ab.)

Dritter Aufzug

Erster Auftritt

(Szene: in Nathans Hause.)

Recha und Daja.

Recha.
Wie, Daja, drückte sich mein Vater aus?
"Ich dürf' ihn jeden Augenblick erwarten?"
Das klingt—nicht wahr?—als ob er noch so bald
Erscheinen werde.—Wieviel Augenblicke
Sind aber schon vorbei!—Ah nun: wer denkt
An die verflossenen?—Ich will allein
In jedem nächsten Augenblicke leben.
Er wird doch einmal kommen, der ihn bringt.

Daja.
O der verwünschten Botschaft von dem Sultan!
Denn Nathan hätte sicher ohne sie
Ihn gleich mit hergebracht.

Recha. Und wenn er nun
Gekommen, dieser Augenblick; wenn denn
Nun meiner Wünsche wärmster, innigster
Erfüllet ist: was dann?—was dann?

Daja. Was dann?
Dann hoff ich, daß auch meiner Wünsche wärmster
Soll in Erfüllung gehen.

Recha. Was wird dann
In meiner Brust an dessen Stelle treten,
Die schon verlernt, ohn' einen herrschenden

Wunsch aller Wünsche sich zu dehnen?—Nichts?
Ah, ich erschrecke!...

Daja. Mein, mein Wunsch wird dann
An des erfüllten Stelle treten; meiner.
Mein Wunsch, dich in Europa, dich in Händen
Zu wissen, welche deiner würdig sind.

Recha.
Du irrst.—Was diesen Wunsch zu deinem macht,
Das nämliche verhindert, daß er meiner
Je werden kann. Dich zieht dein Vaterland:
Und meines, meines sollte mich nicht halten?
Ein Bild der Deinen, das in deiner Seele
Noch nicht verloschen, sollte mehr vermögen,
Als die ich sehn, und greifen kann, und hören,
Die Meinen?

Daja. Sperre dich, soviel du willst!
Des Himmels Wege sind des Himmels Wege.
Und wenn es nun dein Retter selber wäre,
Durch den sein Gott, für den er kämpft, dich in
Das Land, dich zu dem Volke führen wollte,
Für welche du geboren wurdest?

Recha. Daja!
Was sprichst du da nun wieder, liebe Daja!
Du hast doch wahrlich deine sonderbaren
Begriffe! "Sein, sein Gott! für den er kämpft!"
Wem eignet Gott? was ist das für ein Gott,
Der einem Menschen eignet? der für sich
Muß kämpfen lassen?—Und wie weiß
Man denn, für welchen Erdkloß man geboren,
Wenn man's für den nicht ist, auf welchem man
Geboren?—Wenn mein Vater dich so hörte!—
Was tat er dir, mir immer nur mein Glück

So weit von ihm als möglich vorzuspiegeln?
Was tat er dir, den Samen der Vernunft,
Den er so rein in meine Seele streute,
Mit deines Landes Unkraut oder Blumen
So gern zu mischen?—Liebe, liebe Daja,
Er will nun deine bunten Blumen nicht
Auf meinem Boden!—Und ich muß dir sagen,
Ich selber fühle meinen Boden, wenn
Sie noch so schön ihn kleiden, so entkräftet,
So ausgezehrt durch deine Blume; fühle
In ihrem Dufte, sauersüßem Dufte,
Mich so betäubt, so schwindelnd!—Dein Gehirn
Ist dessen mehr gewohnt. Ich tadle drum
Die stärkern Nerven nicht, die ihn vertragen.
Nur schlägt er mir nicht zu; und schon dein Engel,
Wie wenig fehlte, daß er mich zur Närrin
Gemacht?—Noch schäm ich mich vor meinem Vater
Der Posse!

Daja. Posse!—Als ob der Verstand
Nur hier zu Hause wäre! Posse! Posse!
Wenn ich nur reden dürfte!

Recha. Darfst du nicht?
Wenn war ich nicht ganz Ohr, sooft es dir
Gefiel, von deinen Glaubenshelden mich
Zu unterhalten? Hab ich ihren Taten
Nicht stets Bewunderung; und ihren Leiden
Nicht immer Tränen gern gezollt? Ihr Glaube
Schien freilich mir das Heldenmäßigste
An ihnen nie. Doch so viel tröstender
War mir die Lehre, daß Ergebenheit
In Gott von unserm Wähnen über Gott
So ganz und gar nicht abhängt.—Liebe Daja,
Das hat mein Vater uns so oft gesagt;

Darüber hast du selbst mit ihm so oft
Dich einverstanden: warum untergräbst
Du denn allein, was du mit ihm zugleich
Gebauet?—Liebe Daja, das ist kein
Gespräch, womit wir unserm Freund' am besten
Entgegensehn. Für mich zwar, ja! Denn mir,
Mir liegt daran unendlich, ob auch er...
Horch, Daja!—Kommt es nicht an unsre Türe?
Wenn Er es wäre! horch!

Zweiter Auftritt

Recha. Daja und der Tempelherr, dem jemand von außen die Türe öffnet,
mit den Worten:

Nur hier herein!

Recha (fährt zusammen, faßt sich und will ihm zu Füßen fallen).
Er ist's!—Mein Retter, ah!

Tempelherr. Dies zu vermeiden
Erschien ich bloß so spät: und doch—

Recha. Ich will
Ja zu den Füßen dieses stolzen Mannes
Nur Gott noch einmal danken; nicht dem Manne.
Der Mann will keinen Dank; will ihn so wenig
Als ihn der Wassereimer will, der bei
Dem Löschen so geschäftig sich erwiesen.
Der ließ sich füllen, ließ sich leeren, mir
Nichts, dir nichts: also auch der Mann. Auch der
Ward nur so in die Glut hineingestoßen;
Da fiel ich ungefähr ihm in den Arm;
Da blieb ich ungefähr, so wie ein Funken
Auf seinem Mantel, ihm in seinen Armen;
Bis wiederum, ich weiß nicht was, uns beide

Herausschmiß aus der Glut.—Was gibt es da
Zu danken?—In Europa treibt der Wein
Zu noch weit andern Taten.—Tempelherren,
Die müssen einmal nun so handeln; müssen
Wie etwas besser zugelernte Hunde,
Sowohl aus Feuer, als aus Wasser holen.

Tempelherr (der sie mit Erstaunen und Unruhe die Zeit über betrachtet).
O Daja, Daja! Wenn in Augenblicken
Des Kummers und der Galle, meine Laune
Dich übel anließ, warum jede Torheit,
Die meiner Zung' entfuhr, ihr hinterbringen?
Das hieß sich zu empfindlich rächen, Daja!
Doch wenn du nur von nun an besser mich
Bei ihr vertreten willst.

Daja. Ich denke, Ritter
Ich denke nicht, daß diese kleinen Stacheln,
Ihr an das Herz geworfen, Euch da sehr
Geschadet haben.

Recha. Wie? Ihr hattet Kummer?
Und wart mit Euerm Kummer geiziger
Als Euerm Leben?

Tempelherr. Gutes, holdes Kind!—
Wie ist doch meine Seele zwischen Auge
Und Ohr geteilt!—Das war das Mädchen nicht,
Nein, nein, das war es nicht, das aus dem Feuer
Ich holte.—Denn wer hätte die gekannt,
Und aus dem Feuer nicht geholt? Wer hätte
Auf mich gewartet?—Zwar—verstellt—der Schreck.
(Pause, unter der er, in Anschauung ihrer, sich wie verliert.)

Recha.
Ich aber find Euch noch den nämlichen.—
(Dergleichen; bis sie fortfährt, um ihn in seinem Anstaunen zu

unterbrechen.)
Nun, Ritter, sagt uns doch, wo Ihr so lange
Gewesen?—Fast dürft' ich auch fragen: wo
Ihr itzo seid?

Tempelherr. Ich bin,—wo ich vielleicht
Nicht sollte sein.—

Recha. Wo Ihr gewesen?—Auch
Wo Ihr vielleicht nicht solltet sein gewesen?
Das ist nicht gut.

Tempelherr. Auf—auf—wie heißt der Berg?
Auf Sinai.

Recha. Auf Sinai?—Ah schön!
Nun kann ich zuverlässig doch einmal
Erfahren, ob es wahr...

Tempelherr. Was? was? Ob's wahr,
Daß noch daselbst der Ort zu sehn, wo Moses
Vor Gott gestanden, als...

Recha. Nun das wohl nicht.
Denn wo er stand, stand er vor Gott. Und davon
Ist mir zur Gnüge schon bekannt.—Ob's wahr,
Möcht' ich nur gern von Euch erfahren, daß—
Daß es bei weitem nicht so mühsam sei,
Auf diesen Berg hinaufzusteigen, als
Herab?—Denn seht; soviel ich Berge noch
Gestiegen bin, war's just das Gegenteil.—
Nun, Ritter?—Was?—Ihr kehrt Euch von mir ab?
Wollt mich nicht sehn?

Tempelherr. Weil ich Euch hören will.

Recha.
Weil Ihr mich nicht wollt merken lassen, daß

Ihr meiner Einfalt lächelt; daß Ihr lächelt,
Wie ich Euch doch so gar nichts Wichtigers
Von diesem heiligen Berg' aller Berge
Zu fragen weiß? Nicht wahr?

Tempelherr. So muß
Ich doch Euch wieder in die Augen sehn.—
Was? Nun schlagt Ihr sie nieder? nun verbeißt
Das Lächeln Ihr? wie ich noch erst in Mienen,
In zweifelhaften Mienen lesen will,
Was ich so deutlich hör, Ihr so vernehmlich
Mir sagt—verschweigt?—Ah Recha! Recha! Wie
Hat er so wahr gesagt: "Kennt sie nur erst!"

Recha.
Wer hat?—von wem?—Euch das gesagt?

Tempelherr. "Kennt sie
Nur erst!" hat Euer Vater mir gesagt;
Von Euch gesagt.

Daja. Und ich nicht etwa auch?
Ich denn nicht auch?

Tempelherr. Allein wo ist er denn?
Wo ist denn Euer Vater? Ist er noch
Beim Sultan?

Recha. Ohne Zweifel.

Tempelherr. Noch, noch da?—
O mich Vergeßlichen! Nein, nein; da ist
Er schwerlich mehr.—Er wird dort unten bei
Dem Kloster meiner warten; ganz gewiß.
So red'ten, mein ich, wir es ab. Erlaubt!
Ich geh, ich hol ihn...

Daja. Das ist meine Sache.
Bleibt, Ritter, bleibt. Ich bring ihn unverzüglich.

Tempelherr.
Nicht so, nicht so! Er sieht mir selbst entgegen;
Nicht Euch. Dazu, er könnte leicht... wer weiß? ...
Er könnte bei dem Sultan leicht,... Ihr kennt
Den Sultan nicht!... leicht in Verlegenheit
Gekommen sein.—Glaubt mir; es hat Gefahr,
Wenn ich nicht geh.

Recha. Gefahr? was für Gefahr?

Tempelherr.
Gefahr für mich, für Euch, für ihn: wenn ich
Nicht schleunig, schleunig geh. (Ab.)

Dritter Auftritt

Recha und Daja.

Recha. Was ist das, Daja?—
So schnell?—Was kömmt ihm an? Was fiel ihm auf?
Was jagt ihn?

Daja. Laßt nur, laßt. Ich denk, es ist
Kein schlimmes Zeichen.

Recha. Zeichen? und wovon?

Daja.
Daß etwas vorgeht innerhalb. Es kocht,
Und soll nicht überkochen. Laßt ihn nur.
Nun ist's an Euch.

Recha. Was ist an mir? Du wirst,
Wie er, mir unbegreiflich.

Daja. Bald nun könnt
Ihr ihm die Unruh' all vergelten, die
Er Euch gemacht hat. Seid nur aber auch
Nicht allzu streng, nicht allzu rachbegierig.

Recha.
Wovon du sprichst, das magst du selber wissen.

Daja.
Und seid denn Ihr bereits so ruhig wieder?

Recha.
Das bin ich; ja das bin ich...

Daja. Wenigstens
Gesteht, daß Ihr Euch seiner Unruh' freut;
Und seiner Unruh' danket, was Ihr itzt
Von Ruh' genießt.

Recha. Mir völlig unbewußt!
Denn was ich höchstens dir gestehen könnte,
Wär', daß es mich—mich selbst befremdet, wie
Auf einen solchen Sturm in meinem Herzen
So eine Stille plötzlich folgen können.
Sein voller Anblick, sein Gespräch, sein Ton
Hat mich...

Daja. Gesättigt schon?

Recha. Gesättigt, will
Ich nun nicht sagen; nein—bei weitem nicht.

Daja.
Den heißen Hunger nur gestillt.

Recha. Nun ja:
Wenn du so willst.

Daja. Ich eben nicht.

Recha. Er wird
Mir ewig wert; mir ewig werter, als
Mein Leben bleiben: wenn auch schon mein Puls
Nicht mehr bei seinem bloßen Namen wechselt;
Nicht mehr mein Herz, sooft ich an ihn denke,
Geschwinder, stärker schlägt.—Was schwatz ich? Komm,
Komm, liebe Daja, wieder an das Fenster,
Das auf die Palmen sieht.

Daja. So ist er doch
Wohl noch nicht ganz gestillt, der heiße Hunger.

Recha.
Nun werd ich auch die Palmen wieder sehn:
Nicht ihn bloß untern Palmen.

Daja. Diese Kälte
Beginnt auch wohl ein neues Fieber nur.

Recha.
Was Kält'? Ich bin nicht kalt. Ich sehe wahrlich
Nicht minder gern, was ich mit Ruhe sehe.

Vierter Auftritt

(Szene: ein Audienzsaal in dem Palaste des Saladin.)

Saladin und Sittah.

Saladin (im Hereintreten, gegen die Türe).
Hier bringt den Juden her, sobald er kömmt.
Er scheint sich eben nicht zu übereilen.

Sittah.
Er war auch wohl nicht bei der Hand; nicht gleich
Zu finden.

Saladin. Schwester! Schwester!

Sittah. Tust du doch,
Als stünde dir ein Treffen vor.

Saladin. Und das
Mit Waffen, die ich nicht gelernt zu führen.
Ich soll mich stellen; soll besorgen lassen;
Soll Fallen legen; soll auf Glatteis führen.
Wenn hätt' ich das gekonnt? Wo hätt' ich das
Gelernt?—Und soll das alles, ah, wozu?
Wozu?—Um Geld zu fischen; Geld!—Um Geld,
Geld einem Juden abzubangen; Geld!
Zu solchen kleinen Listen wär' ich endlich
Gebracht, der Kleinigkeiten kleinste mir
Zu schaffen?

Sittah. Jede Kleinigkeit, zu sehr
Verschmäht, die rächt sich, Bruder.

Saladin. Leider wahr.—
Und wenn nun dieser Jude gar der gute,
Vernünft'ge Mann ist, wie der Derwisch dir
Ihn ehedem beschrieben?

Sittah. O nun dann!
Was hat es dann für Not! Die Schlinge liegt
Ja nur dem geizigen, besorglichen,
Furchtsamen Juden: nicht dem guten, nicht
Dem weisen Manne. Dieser ist ja so
Schon unser, ohne Schlinge. Das Vergnügen,
Zu hören, wie ein solcher Mann sich ausred't;
Mit welcher dreisten Stärk' entweder er
Die Stricke kurz zerreißet; oder auch
Mit welcher schlauen Vorsicht er die Netze
Vorbei sich windet: dies Vergnügen hast
Du obendrein.

Saladin. Nun, das ist wahr. Gewiß;
Ich freue mich darauf.

Sittah. So kann dich ja
Auch weiter nichts verlegen machen. Denn
Ist's einer aus der Menge bloß; ist's bloß
Ein Jude, wie ein Jude: gegen den
Wirst du dich doch nicht schämen, so zu scheinen,
Wie er die Menschen all sich denkt? Vielmehr;
Wer sich ihm besser zeigt, der zeigt sich ihm
Als Geck, als Narr.

Saladin. So muß ich ja wohl gar
Schlecht handeln, daß von mir der Schlechte nicht
Schlecht denke?

Sittah. Traun! wenn du schlecht handeln nennst,
Ein jedes Ding nach seiner Art zu brauchen.

Saladin.
Was hätt' ein Weiberkopf erdacht, das er
Nicht zu beschönen wüßte!

Sittah. Zu beschönen!

Saladin.
Das feine, spitze Ding, besorg ich nur,
In meiner plumpen Hand zerbricht!—So was
Will ausgeführt sein, wie's erfunden ist:
Mit aller Pfiffigkeit, Gewandtheit.—Doch,
Mag's doch nur, mag's! Ich tanze, wie ich kann;
Und könnt' es freilich lieber—schlechter noch
Als besser.

Sittah. Trau dir auch nur nicht zu wenig!
Ich stehe dir für dich! Wenn du nur willst.—
Daß uns die Männer deinesgleichen doch
So gern bereden möchten, nur ihr Schwert,

Ihr Schwert nur habe sie so weit gebracht.
Der Löwe schämt sich freilich, wenn er mit
Dem Fuchse jagt:—des Fuchses, nicht der List.

Saladin.
Und daß die Weiber doch so gern den Mann
Zu sich herunter hätten!—Geh nur, geh!—
Ich glaube meine Lektion zu können.

Sittah.
Was? ich soll gehn?

Saladin. Du wolltest doch nicht bleiben?

Sittah.
Wenn auch nicht bleiben... im Gesicht euch bleiben—
Doch hier im Nebenzimmer—

Saladin. Da zu horchen?
Auch das nicht, Schwester; wenn ich soll bestehn.—
Fort, fort! der Vorhang rauscht; er kömmt!—doch daß
Du ja nicht da verweilst! Ich sehe nach.

(Indem sie sich durch eine Türe entfernt, tritt Nathan zu der andern
herein; und Saladin hat sich gesetzt.)

Fünfter Auftritt

Saladin und Nathan.

Saladin.
Tritt näher, Jude!—Näher!—Nur ganz her!
Nur ohne Furcht!

Nathan. Die bleibe deinem Feinde!

Saladin.
Du nennst dich Nathan?

Nathan. Ja.

Saladin. Den weisen Nathan?

Nathan.
Nein.

Saladin. Wohl! nennst du dich nicht; nennt dich das Volk.

Nathan.
Kann sein; das Volk!

Saladin. Du glaubst doch nicht, daß ich
Verächtlich von des Volkes Stimme denke?—
Ich habe längst gewünscht, den Mann zu kennen,
Den es den Weisen nennt.

Nathan. Und wenn es ihn
Zum Spott so nennte? Wenn dem Volke weise
Nichts weiter wär' als klug? und klug nur der,
Der sich auf seinen Vorteil gut versteht?

Saladin.
Auf seinen wahren Vorteil, meinst du doch?

Nathan.
Dann freilich wär' der Eigennützigste
Der Klügste. Dann wär' freilich klug und weise
Nur eins.

Saladin. Ich höre dich erweisen, was
Du widersprechen willst.—Des Menschen wahre
Vorteile, die das Volk nicht kennt, kennst du.
Hast du zu kennen wenigstens gesucht;
Hast drüber nachgedacht: das auch allein
Macht schon den Weisen.

Nathan. Der sich jeder dünkt
Zu sein.

Saladin. Nun der Bescheidenheit genug!
Denn sie nur immerdar zu hören, wo
Man trockene Vernunft erwartet, ekelt.
(Er springt auf.)
Laß uns zur Sache kommen! Aber, aber
Aufrichtig, Jud', aufrichtig!

Nathan. Sultan, ich
Will sicherlich dich so bedienen, daß
Ich deiner fernern Kundschaft würdig bleibe.

Saladin. Bedienen? wie?

Nathan. Du sollst das Beste haben
Von allem; sollst es um den billigsten
Preis haben.

Saladin. Wovon sprichst du? doch wohl nicht
Von deinen Waren?—Schachern wird mit dir
Schon meine Schwester. (Das der Horcherin!)—
Ich habe mit dem Kaufmann nichts zu tun.

Nathan.
So wirst du ohne Zweifel wissen wollen,
Was ich auf meinem Wege von dem Feinde,
Der allerdings sich wieder regt, etwa
Bemerkt, getroffen?—Wenn ich unverhohlen...

Saladin.
Auch darauf bin ich eben nicht mit dir
Gesteuert. Davon weiß ich schon, so viel
Ich nötig habe.—Kurz-,—

Nathan. Gebiete, Sultan.

Saladin.
Ich heische deinen Unterricht in ganz
Was anderm; ganz was anderm.—Da du nun

So weise bist: so sage mir doch einmal—
Was für ein Glaube, was für ein Gesetz
Hat dir am meisten eingeleuchtet?

Nathan. Sultan,
Ich bin ein Jud'.

Saladin. Und ich ein Muselmann.
Der Christ ist zwischen uns.—Von diesen drei
Religionen kann doch eine nur
Die wahre sein.—Ein Mann, wie du, bleibt da
Nicht stehen, wo der Zufall der Geburt
Ihn hingeworfen: oder wenn er bleibt,
Bleibt er aus Einsicht, Gründen, Wahl des Bessern.
Wohlan! so teile deine Einsicht mir
Dann mit. Laß mich die Gründe hören, denen
Ich selber nachzugrübeln, nicht die Zeit
Gehabt. Laß mich die Wahl, die diese Gründe
Bestimmt,—versteht sich, im Vertrauen—wissen,
Damit ich sie zu meiner mache. Wie?
Du stutzest? wägst mich mit dem Auge?—Kann
Wohl sein, daß ich der erste Sultan bin,
Der eine solche Grille hat; die mich
Doch eines Sultans eben nicht so ganz
Unwürdig dünkt.—Nicht wahr?—So rede doch!
Sprich!—Oder willst du einen Augenblick,
Dich zu bedenken? Gut, ich geb ihn dir.
(Ob sie wohl horcht? Ich will sie doch belauschen;
Will hören, ob ich's recht gemacht.—) Denk nach.
Geschwind denk nach! Ich säume nicht, zurück-
Zukommen.
(Er geht in das Nebenzimmer, nach welchem sich Sittah begeben.)

Sechster Auftritt

Nathan allein.

Hm! hm!—wunderlich!—Wie ist
Mir denn?—Was will der Sultan? was?—Ich bin
Auf Geld gefaßt; und er will—Wahrheit. Wahrheit!
Und will sie so,—so bar, so blank,—als ob
Die Wahrheit Münze wäre!—ja, wenn noch
Uralte Münze, die gewogen ward!—
Das ginge noch! Allein so neue Münze,
Die nur der Stempel macht, die man aufs Brett
Nur zählen darf, das ist sie doch nun nicht!
Wie Geld in Sack, so striche man in Kopf
Auch Wahrheit ein? Wer ist denn hier der Jude?
Ich oder er?—Doch wie? Sollt' er auch wohl
Die Wahrheit nicht in Wahrheit fodern?—Zwar,
Zwar der Verdacht, daß er die Wahrheit nur
Als Falle brauche, wär' auch gar zu klein!—
Zu klein?—Was ist für einen Großen denn
Zu klein?—Gewiß, gewiß: er stürzte mit
Der Türe so ins Haus! Man pocht doch, hört
Doch erst, wenn man als Freund sich naht.—Ich muß
Behutsam gehn!—Und wie? wie das?—So ganz
Stockjude sein zu wollen, geht schon nicht.—
Und ganz und gar nicht Jude, geht noch minder.
Denn, wenn kein Jude, dürft' er mich nur fragen,
Warum kein Muselmann?—Das war's! Das kann
Mich retten!—Nicht die Kinder bloß, speist man
Mit Märchen ab.—Er kommt. Er komme nur!

Siebenter Auftritt

Saladin und Nathan.

Saladin.
(So ist das Feld hier rein!)—Ich komm dir doch
Nicht zu geschwind zurück? Du bist zu Rande
Mit deiner Überlegung.—Nun so rede!
Es hört uns keine Seele.

Nathan. Möcht' auch doch
Die ganze Welt uns hören.

Saladin. So gewiß
Ist Nathan seiner Sache? Ha! das nenn
Ich einen Weisen! Nie die Wahrheit zu
Verhehlen! für sie alles auf das Spiel
Zu setzen! Leib und Leben! Gut und Blut!

Nathan.
Ja! Ja! wann's nötig ist und nutzt.

Saladin. Von nun
An darf ich hoffen, einen meiner Titel,
Verbesserer der Welt und des Gesetzes,
Mit Recht zu führen.

Nathan. Traun, ein schöner Titel!
Doch, Sultan, eh' ich mich dir ganz vertraue,
Erlaubst du wohl, dir ein Geschichtchen zu
Erzählen?

Saladin. Warum das nicht? Ich bin stets
Ein Freund gewesen von Geschichtchen, gut
Erzählt.

Nathan. Ja, gut erzählen, das ist nun
Wohl eben meine Sache nicht.

Saladin. Schon wieder
So stolz bescheiden?—Mach! erzähl, erzähle!

Nathan.
Vor grauen Jahren lebt' ein Mann in Osten,
Der einen Ring von unschätzbarem Wert
Aus lieber Hand besaß. Der Stein war ein
Opal, der hundert schöne Farben spielte,
Und hatte die geheime Kraft, vor Gott
Und Menschen angenehm zu machen, wer
In dieser Zuversicht ihn trug. Was Wunder,
Daß ihn der Mann in Osten darum nie
Vom Finger ließ; und die Verfügung traf,
Auf ewig ihn bei seinem Hause zu
Erhalten? Nämlich so. Er ließ den Ring
Von seinen Söhnen dem geliebtesten;
Und setzte fest, daß dieser wiederum
Den Ring von seinen Söhnen dem vermache,
Der ihm der liebste sei; und stets der liebste,
Ohn' Ansehn der Geburt, in Kraft allein
Des Rings, das Haupt, der Fürst des Hauses werde.—
Versteh mich, Sultan.

Saladin. Ich versteh dich. Weiter!

Nathan.
So kam nun dieser Ring, von Sohn zu Sohn,
Auf einen Vater endlich von drei Söhnen;
Die alle drei ihm gleich gehorsam waren,
Die alle drei er folglich gleich zu lieben
Sich nicht entbrechen konnte. Nur von Zeit
Zu Zeit schien ihm bald der, bald dieser, bald
Der dritte,—sowie jeder sich mit ihm
Allein befand, und sein ergießend Herz
Die andern zwei nicht teilten,—würdiger

Des Ringes; den er denn auch einem jeden
Die fromme Schwachheit hatte, zu versprechen.
Das ging nun so, solang es ging.—Allein
Es kam zum Sterben, und der gute Vater
Kömmt in Verlegenheit. Es schmerzt ihn, zwei
Von seinen Söhnen, die sich auf sein Wort
Verlassen, so zu kränken.—Was zu tun?—
Er sendet in geheim zu einem Künstler,
Bei dem er, nach dem Muster seines Ringes,
Zwei andere bestellt, und weder Kosten
Noch Mühe sparen heißt, sie jenem gleich,
Vollkommen gleich zu machen. Das gelingt
Dem Künstler. Da er ihm die Ringe bringt,
Kann selbst der Vater seinen Musterring
Nicht unterscheiden. Froh und freudig ruft
Er seine Söhne, jeden insbesondre;
Gibt jedem insbesondre seinen Segen,—
Und seinen Ring,—und stirbt.—Du hörst doch, Sultan?

Saladin (der sich betroffen von ihm gewandt).
Ich hör, ich höre!—Komm mit deinem Märchen
Nur bald zu Ende.—Wird's?

Nathan. Ich bin zu Ende.
Denn was noch folgt, versteht sich ja von selbst.—
Kaum war der Vater tot, so kömmt ein jeder
Mit seinem Ring, und jeder will der Fürst
Des Hauses sein. Man untersucht, man zankt,
Man klagt. Umsonst; der rechte Ring war nicht
Erweislich;—
(nach einer Pause, in welcher er des Sultans Antwort erwartet)
Fast so unerweislich, als
Uns itzt—der rechte Glaube.

Saladin. Wie? das soll
Die Antwort sein auf meine Frage?...

Nathan. Soll
Mich bloß entschuldigen, wenn ich die Ringe
Mir nicht getrau zu unterscheiden, die
Der Vater in der Absicht machen ließ,
Damit sie nicht zu unterscheiden wären.

Saladin.
Die Ringe!—Spiele nicht mit mir!—Ich dächte,
Daß die Religionen, die ich dir
Genannt, doch wohl zu unterscheiden wären.
Bis auf die Kleidung, bis auf Speis' und Trank!

Nathan.
Und nur von seiten ihrer Gründe nicht.
Denn gründen alle sich nicht auf Geschichte?
Geschrieben oder überliefert!—Und
Geschichte muß doch wohl allein auf Treu
Und Glauben angenommen werden?—Nicht?—
Nun, wessen Treu und Glauben zieht man denn
Am wenigsten in Zweifel? Doch der Seinen?
Doch deren Blut wir sind? doch deren, die
Von Kindheit an uns Proben ihrer Liebe
Gegeben? die uns nie getäuscht, als wo
Getäuscht zu werden uns heilsamer war?—
Wie kann ich meinen Vätern weniger
Als du den deinen glauben? Oder umgekehrt.—
Kann ich von dir verlangen, daß du deine
Vorfahren Lügen strafst, um meinen nicht
Zu widersprechen? Oder umgekehrt.
Das nämliche gilt von den Christen. Nicht?—

Saladin.
(Bei dem Lebendigen! Der Mann hat recht.
Ich muß verstummen.)

Nathan. Laß auf unsre Ring'
Uns wieder kommen. Wie gesagt: die Söhne
Verklagten sich; und jeder schwur dem Richter,
Unmittelbar aus seines Vaters Hand
Den Ring zu haben.—Wie auch wahr!—Nachdem
Er von ihm lange das Versprechen schon
Gehabt, des Ringes Vorrecht einmal zu
Genießen.—Wie nicht minder wahr!—Der Vater,
Beteurt' jeder, könne gegen ihn
Nicht falsch gewesen sein; und eh' er dieses
Von ihm, von einem solchen lieben Vater,
Argwohnen lass': eh' müss' er seine Brüder,
So gern er sonst von ihnen nur das Beste
Bereit zu glauben sei, des falschen Spiels
Bezeihen; und er wolle die Verräter
Schon auszufinden wissen; sich schon rächen.

Saladin.
Und nun, der Richter?—Mich verlangt zu hören,
Was du den Richter sagen lässest. Sprich!

Nathan.
Der Richter sprach: Wenn ihr mir nun den Vater
Nicht bald zur Stelle schafft, so weis ich euch
Von meinem Stuhle. Denkt ihr, daß ich Rätsel
Zu lösen da bin? Oder harret ihr,
Bis daß der rechte Ring den Mund eröffne?—
Doch halt! Ich höre ja, der rechte Ring
Besitzt die Wunderkraft beliebt zu machen;
Vor Gott und Menschen angenehm. Das muß
Entscheiden! Denn die falschen Ringe werden

Doch das nicht können!—Nun; wen lieben zwei
Von Euch am meisten?—Macht, sagt an! Ihr schweigt?
Die Ringe wirken nur zurück? und nicht
Nach außen? Jeder liebt sich selber nur
Am meisten?—Oh, so seid ihr alle drei
Betrogene Betrüger! Eure Ringe
Sind alle drei nicht echt. Der echte Ring
Vermutlich ging verloren. Den Verlust
Zu bergen, zu ersetzen, ließ der Vater
Die drei für einen machen.

Saladin. Herrlich! herrlich!

Nathan.
Und also, fuhr der Richter fort, wenn ihr
Nicht meinen Rat, statt meines Spruches, wollt:
Geht nur!—Mein Rat ist aber der: ihr nehmt
Die Sache völlig wie sie liegt. Hat von
Euch jeder seinen Ring von seinem Vater:
So glaube jeder sicher seinen Ring
Den echten.—Möglich; daß der Vater nun
Die Tyrannei des einen Rings nicht länger
In seinem Hause dulden willen!—Und gewiß;
Daß er euch alle drei geliebt, und gleich
Geliebt: indem er zwei nicht drücken mögen,
Um einen zu begünstigen.—Wohlan!
Es eifre jeder seiner unbestochnen
Von Vorurteilen freien Liebe nach!
Es strebe von euch jeder um die Wette,
Die Kraft des Steins in seinem Ring' an Tag
Zu legen! komme dieser Kraft mit Sanftmut,
Mit herzlicher Verträglichkeit, mit Wohltun,
Mit innigster Ergebenheit in Gott
Zu Hilf'! Und wenn sich dann der Steine Kräfte
Bei euern Kindes-Kindeskindern äußern:

So lad ich über tausend tausend Jahre
Sie wiederum vor diesen Stuhl. Da wird
Ein weisrer Mann auf diesem Stuhle sitzen
Als ich; und sprechen. Geht!—So sagte der
Bescheidne Richter.

Saladin. Gott! Gott!

Nathan. Saladin,
Wenn du dich fühlest, dieser weisere
Versprochne Mann zu sein:...

Saladin (der auf ihn zustürzt und seine Hand ergreift, die er bis zu
Ende nicht wieder fahren läßt).
Ich Staub? Ich Nichts?
O Gott!

Nathan. Was ist dir, Sultan?

Saladin. Nathan, lieber Nathan!—
Die tausend tausend Jahre deines Richters
Sind noch nicht um.—Sein Richterstuhl ist nicht
Der meine.—Geh!—Geh!—Aber sei mein Freund.

Nathan.
Und weiter hätte Saladin mir nichts
Zu sagen?

Saladin. Nichts.

Nathan. Nichts?

Saladin. Gar nichts.—Und warum?

Nathan.
Ich hätte noch Gelegenheit gewünscht,
Dir eine Bitte vorzutragen.

Saladin. Braucht's
Gelegenheit zu einer Bitte?—Rede!

Nathan.
Ich komm von einer weiten Reis', auf welcher
Ich Schulden eingetrieben.—Fast hab ich
Des baren Gelds zuviel.—Die Zeit beginnt
Bedenklich wiederum zu werden;—und
Ich weiß nicht recht, wo sicher damit hin.—
Da dacht' ich, ob nicht du vielleicht,—weil doch
Ein naher Krieg des Geldes immer mehr
Erfordert,—etwas brauchen könntest.

Saladin (ihm steif in die Augen sehend).
Nathan!—
Ich will nicht fragen, ob Al-Hafi schon
Bei dir gewesen;—will nicht untersuchen,
Ob dich nicht sonst ein Argwohn treibt, mir dieses
Erbieten freierdings zu tun:...

Nathan. Ein Argwohn?

Saladin.
Ich bin ihn wert.—Verzeih mir!—Denn was hilft's?
Ich muß dir nur gestehen,—daß ich im
Begriffe war—

Nathan. Doch nicht, das Nämliche
An mich zu suchen?

Saladin. Allerdings.

Nathan. So wär'
Uns beiden ja geholfen!—Daß ich aber
Dir alle meine Barschaft nicht kann schicken,
Das macht der junge Tempelherr. Du kennst
Ihn ja. Ihm hab ich eine große Post
Vorher noch zu bezahlen.

Saladin. Tempelherr?
Du wirst doch meine schlimmsten Feinde nicht
Mit deinem Geld auch unterstützen wollen?

Nathan.
Ich spreche von dem einen nur, dem du
Das Leben spartest...

Saladin. Ah! woran erinnerst
Du mich!—Hab ich doch diesen Jüngling ganz
Vergessen!—Kennst du ihn?—Wo ist er?

Nathan. Wie?
So weißt du nicht, wieviel von deiner Gnade
Für ihn, durch ihn auf mich geflossen? Er,
Er mit Gefahr des neu erhaltnen Lebens,
Hat meine Tochter aus dem Feu'r gerettet.

Saladin.
Er? Hat er das?—Ha! darnach sah er aus.
Das hätte traun mein Bruder auch getan,
Dem er so ähnelt!—Ist er denn noch hier?
So bring ihn her!—Ich habe meiner Schwester
Von diesem ihren Bruder, den sie nicht
Gekannt, so viel erzählet, daß ich sie
Sein Ebenbild doch auch muß sehen lassen!—
Geh, hol ihn!—Wie aus einer guten Tat,
Gebar sie auch schon bloße Leidenschaft,
Doch so viel andre gute Taten fließen!
Geh, hol ihn!

Nathan (indem er Saladins Hand fahren läßt).
Augenblicks! Und bei dem andern
Bleibt es doch auch? (Ab.)

Saladin. Ah! daß ich meine Schwester
Nicht horchen lassen!—Zu ihr! zu ihr!—Denn
Wie soll ich alles das ihr nun erzählen?

(Ab von der andern Seite.)

Achter Auftritt

Die Szene: unter den Palmen, in der Nähe des Klosters, wo der

Tempelherr Nathans wartet.

Tempelherr (geht, mit sich selbst kämpfend, auf und ab; bis er
losbricht).
—Hier hält das Opfertier ermüdet still.—
Nun gut! Ich mag nicht, mag nicht näher wissen,
Was in mir vorgeht; mag voraus nicht wittern,
Was vorgehn wird.—Genug, ich bin umsonst
Geflohn! umsonst.—Und weiter konnt' ich doch
Auch nichts, als fliehn!—Nun komm', was kommen soll!—
Ihm auszubeugen, war der Streich zu schnell
Gefallen; unter den zu kommen, ich
So lang und viel mich weigerte.—Sie sehn,
Die ich zu sehn so wenig lüstern war,
Sie sehn, und der Entschluß, sie wieder aus
Den Augen nie zu lassen.—Was Entschluß?
Entschluß ist Vorsatz, Tat: und ich, ich litt',
Ich litte bloß.—Sie sehn, und das Gefühl
An sie verstrickt, in sie verwebt zu sein,
War eins.—Bleibt eins.—Von ihr getrennt
Zu leben, ist mir ganz undenkbar; wär'
Mein Tod,—und wo wir immer nach dem Tode
Noch sind, auch da mein Tod.—Ist das nun Liebe:
So—liebt der Tempelritter freilich,—liebt
Der Christ das Judenmädchen freilich.—Hm!

Was tut's?—Ich hab in dem gelobten Lande,—
Und drum auch mir gelobt auf immerdar!—
Der Vorurteile mehr schon abgelegt.—
Was will mein Orden auch? Ich Tempelherr
Bin tot; war von dem Augenblick ihm tot,
Der mich zu Saladins Gefangnen machte.
Der Kopf, den Saladin mir schenkte, wär'
Mein alter?—Ist ein neuer; der von allem
Nichts weiß, was jenem eingeplaudert ward,
Was jenen band.—Und ist ein beßrer; für
Den väterlichen Himmel mehr gemacht.
Das spür ich ja. Denn erst mit ihm beginn
Ich so zu denken, wie mein Vater hier
Gedacht muß haben; wenn man Märchen nicht
Von ihm mir vorgelegen.—Märchen?—doch
Ganz glaubliche; die glaublicher mir nie,
Als itzt geschienen, da ich nur Gefahr
Zu straucheln laufe, wo er fiel.—Er fiel?
Ich will mit Männern lieber fallen, als
Mit Kindern stehn.—Sein Beispiel bürget mir
Für seinen Beifall. Und an wessen Beifall
Liegt mir denn sonst?—An Nathans?—O an dessen
Ermuntrung mehr, als Beifall, kann es mir
Noch weniger gebrechen.—Welch ein Jude!—
Und der so ganz nur Jude scheinen will!
Da kömmt er; kömmt mit Hast; glüht heitre Freude.
Wer kam vom Saladin je anders?—He!
He, Nathan!

Neunter Auftritt

Nathan und der Tempelherr.

Nathan. Wie? seid Ihr's?

105

Tempelherr. Ihr habt
Sehr lang' Euch bei dem Sultan aufgehalten.

Nathan.
So lange nun wohl nicht. Ich ward im Hingehn
Zu viel verweilt.—Ah, wahrlich, Curd; der Mann
Steht seinen Ruhm. Sein Ruhm ist bloß sein Schatten.
Doch laßt vor allen Dingen Euch geschwind
Nur sagen...

Tempelherr. Was?

Nathan. Er will Euch sprechen; will,
Daß ungesäumt Ihr zu ihm kommt. Begleitet
Mich nur nach Hause, wo ich noch für ihn
Erst etwas anders zu verfügen habe:
Und dann, so gehn wir!

Tempelherr. Nathan, Euer Haus
Betret ich wieder eher nicht...

Nathan. So seid
Ihr doch indes schon da gewesen? habt
Indes sie doch gesprochen?—Nun?—Sagt: wie
Gefällt Euch Recha?

Tempelherr. Über allen Ausdruck!
Allein,—sie wiedersehn—das werd ich nie!
Nie! nie!—Ihr müßtet mir zur Stelle denn
Versprechen:—daß ich sie auf immer, immer—
Soll können sehn.

Nathan. Wie wollt Ihr, daß ich das
Versteh?

Tempelherr (nach einer kurzen Pause ihm plötzlich um den Hals fallend).
Mein Vater!

Nathan.—Junger Mann!

Tempelherr (ihn ebenso plötzlich wieder lassend).
Nicht Sohn?—
Ich bitt Euch, Nathan!—

Nathan. Lieber junger Mann!

Tempelherr.
Nicht Sohn?—Ich bitt Euch, Nathan!—Ich beschwör
Euch bei den ersten Banden der Natur!—
Zieht ihnen spätre Fesseln doch nicht vor!—
Begnügt Euch doch ein Mensch zu sein!—Stoßt mich
Nicht von Euch!

Nathan. Lieber, lieber Freund!...

Tempelherr. Und Sohn?
Sohn nicht?—Auch dann nicht, dann nicht einmal, wenn
Erkenntlichkeit zum Herzen Eurer Tochter
Der Liebe schon den Weg gebahnet hätte?
Auch dann nicht einmal, wenn in eins zu schmelzen,
Auf Euern Wink nur beide warteten?—
Ihr schweigt?

Nathan. Ihr überrascht mich, junger Ritter.

Tempelherr.
Ich überrasch Euch?—überrasch Euch, Nathan,
Mit Euern eigenen Gedanken?—Ihr
Verkennt sie doch in meinem Munde nicht?—
Ich überrasch Euch?

Nathan. Eh' ich einmal weiß,
Was für ein Stauffen Euer Vater denn
Gewesen ist!

Tempelherr. Was sagt Ihr, Nathan? was?
In diesem Augenblicke fühlt Ihr nichts
Als Neubegier?

Nathan. Denn seht! Ich habe selbst
Wohl einen Stauffen ehedem gekannt,
Der Conrad hieß.

Tempelherr. Nun,—wenn mein Vater denn
Nun ebenso geheißen hätte?

Nathan. Wahrlich?

Tempelherr.
Ich heiße selber ja nach meinem Vater: Curd
Ist Conrad.

Nathan. Nun—so war mein Conrad doch
Nicht Euer Vater. Denn mein Conrad war,
Was Ihr; war Tempelherr; war nie vermählt.

Tempelherr.
O darum!

Nathan. Wie?

Tempelherr. O darum könnt' er doch
Mein Vater wohl gewesen sein.

Nathan. Ihr scherzt.

Tempelherr.
Und Ihr nehmt's wahrlich zu genau!—Was wär's
Denn nun? So was von Bastard oder Bankert!
Der Schlag ist auch nicht zu verachten.—Doch
Entlaßt mich immer meiner Ahnenprobe.
Ich will Euch Eurer wiederum entlassen.
Nicht zwar, als ob ich den geringsten Zweifel
In Euern Stammbaum setzte. Gott behüte!
Ihr könnt ihn Blatt vor Blatt bis Abraham
Hinauf belegen. Und von da so weiter,
Weiß ich ihn selbst; will ich ihn selbst beschwören.

Nathan.
Ihr werdet bitter.—Doch verdien ich's?—Schlug
Ich denn Euch schon was ab?—Ich will Euch ja
Nur bei dem Worte nicht den Augenblick
So fassen.—Weiter nichts.

Tempelherr. Gewiß?—Nichts weiter?
O so vergebt!...

Nathan. Nun kommt nur, kommt!

Tempelherr. Wohin?
Nein!—Mit in Euer Haus?—Das nicht! das nicht!—
Da brennt's!—Ich will Euch hier erwarten. Geht!—
Soll ich sie wiedersehn: so seh ich sie
Noch oft genug. Wo nicht: so sah ich sie
Schon viel zu viel...

Nathan. Ich will mich möglichst eilen.

Zehnter Auftritt

Der Tempelherr und bald darauf Daja.

Tempelherr.
Schon mehr als g'nug!—Des Menschen Hirn faßt so
Unendlich viel; und ist doch manchmal auch
So plötzlich voll! von einer Kleinigkeit
So plötzlich voll!—Taugt nichts, taugt nichts; es sei
Auch voll wovon es will.—Doch nur Geduld!
Die Seele wirkt den aufgedunsnen Stoff
Bald ineinander, schafft sich Raum, und Licht
Und Ordnung kommen wieder.—Lieb ich denn
Zum ersten Male?—Oder war, was ich
Als Liebe kenne, Liebe nicht?—Ist Liebe
Nur was ich itzt empfinde?...

Daja (die sich von der Seite herbeigeschlichen).
Ritter! Ritter!

Tempelherr.
Wer ruft?—Ha, Daja, Ihr?

Daja. Ich habe mich
Bei ihm vorbeigeschlichen. Aber noch
Könnt' er uns sehn, wo Ihr da steht.—Drum kommt
Doch näher zu mir, hinter diesen Baum.

Tempelherr.
Was gibt's denn?—So geheimnisvoll?—Was ist's?

Daja.
Ja wohl betrifft es ein Geheimnis, was
Mich zu Euch bringt; und zwar ein doppeltes.
Das eine weiß nur ich; das andre wißt
Nur Ihr.—Wie wär' es, wenn wir tauschten?
Vertraut mir Euers: so vertrau ich Euch
Das meine.

Tempelherr. Mit Vergnügen.—Wenn ich nur
Erst weiß, was Ihr für meines achtet. Doch
Das wird aus Euerm wohl erhellen.—Fangt
Nur immer an.

Daja. Ei denkt doch!—Nein, Herr Ritter.
Erst Ihr; ich folge.—Denn versichert, mein
Geheimnis kann Euch gar nichts nutzen, wenn
Ich nicht zuvor das Eure habe.—Nur
Geschwind!—Denn frag ich's Euch erst ab: so habt
Ihr nichts vertrauet. Mein Geheimnis dann
Bleibt mein Geheimnis; und das Eure seid
Ihr los.—Doch armer Ritter!—Daß Ihr Männer
Ein solch Geheimnis vor uns Weibern haben
Zu können, auch nur glaubt!

Tempelherr. Das wir zu haben
Oft selbst nicht wissen.

Daja. Kann wohl sein. Drum muß
Ich freilich erst, Euch selbst damit bekannt
Zu machen, schon die Freundschaft haben.—Sagt—
Was hieß denn das, daß Ihr so Knall und Fall
Euch aus dem Staube machtet? daß Ihr uns
So sitzenließet?—daß Ihr nun mit Nathan
Nicht wiederkommt?—Hat Recha denn so wenig
Auf Euch gewirkt? wie? oder auch, so viel?—
So viel! so viel!—Lehrt Ihr des armen Vogels,
Der an der Rute klebt, Geflattre mich
Doch kennen!—Kurz: gesteht es mir nur gleich,
Daß Ihr sie liebt, liebt bis zum Unsinn; und
Ich sag Euch was...

Tempelherr. Zum Unsinn? Wahrlich; Ihr
Versteht Euch trefflich drauf.

Daja. Nun gebt mir nur
Die Liebe zu; den Unsinn will ich Euch
Erlassen.

Tempelherr. Weil er sich von selbst versteht?—
Ein Tempelherr ein Judenmädchen lieben!...

Daja.
Scheint freilich wenig Sinn zu haben.—Doch
Zuweilen ist des Sinns in einer Sache
Auch mehr, als wir vermuten; und es wäre
So unerhört doch nicht, daß uns der Heiland
Auf Wegen zu sich zöge, die der Kluge
Von selbst nicht leicht betreten würde.

Tempelherr. Das
So feierlich?—(Und setz ich statt des Heilands

Die Vorsicht: hat sie denn nicht recht?—) Ihr macht
Mich neubegieriger, als ich wohl sonst
Zu sein gewohnt bin.

Daja. Oh! das ist das Land
Der Wunder!

Tempelherr. (Nun!—des Wunderbaren. Kann
Es auch wohl anders sein? Die ganze Welt
Drängt sich ja hier zusammen.)—Liebe Daja,
Nehmt für gestanden an, was Ihr verlangt:
Daß ich sie liebe; daß ich nicht begreife,
Wie ohne sie ich leben werde; daß...

Daja.
Gewiß? gewiß?—So schwört mir, Ritter, sie
Zur Eurigen zu machen; sie zu retten:
Sie zeitlich hier, sie ewig dort zu retten.

Tempelherr.
Und wie?—Wie kann ich?—Kann ich schwören, was
In meiner Macht nicht steht?

Daja. In Eurer Macht
Steht es. Ich bring es durch ein einzig Wort
In Eure Macht.

Tempelherr. Daß selbst der Vater nichts
Dawider hätte?

Daja. Ei, was Vater! Vater!
Der Vater soll schon müssen.

Tempelherr. Müssen, Daja?—
Noch ist er unter Räuber nicht gefallen.
Er muß nicht müssen.

Daja. Nun, so muß er wollen;
Muß gern am Ende wollen.

Tempelherr. Muß und gern!—
Doch, Daja, wenn ich Euch nun sage, daß
Ich selber diese Sait' ihm anzuschlagen
Bereits versucht?

Daja. Was? und er fiel nicht ein?

Tempelherr.
Er fiel mit einem Mißlaut ein, der mich—
Beleidigte.

Daja. Was sagt Ihr?—Wie? Ihr hättet
Den Schatten eines Wunsches nur nach Recha
Ihm blicken lassen: und er wär' vor Freuden
Nicht aufgesprungen? hätte frostig sich
Zurückgezogen? hätte Schwierigkeiten
Gemacht?

Tempelherr. So ungefähr.

Daja. So will ich denn
Mich länger keinen Augenblick bedenken.

(Pause.)

Tempelherr.
Und Ihr bedenkt Euch doch?

Daja. Der Mann ist sonst
So gut!—Ich selber bin so viel ihm schuldig!—
Daß er doch gar nicht hören will!—Gott weiß,
Das Herze blutet mir, ihn so zu zwingen.

Tempelherr.
Ich bitt Euch, Daja, setzt mich kurz und gut
Aus dieser Ungewißheit. Seid Ihr aber
Noch selber ungewiß; ob, was Ihr vorhabt,
Gut oder böse, schändlich oder löblich

Zu nennen:—schweigt!—Ich will vergessen, daß
Ihr etwas zu verschweigen habt.

Daja. Das spornt,
Anstatt zu halten. Nun; so wißt denn: Recha
Ist keine Jüdin; ist—ist eine Christin.

Tempelherr (kalt).
So? Wünsch Euch Glück! Hat's schwer gehalten? Laßt
Euch nicht die Wehen schrecken!—Fahret ja
Mit Eifer fort, den Himmel zu bevölkern:
Wenn Ihr die Erde nicht mehr könnt!

Daja. Wie, Ritter?
Verdienet meine Nachricht diesen Spott?
Daß Recha eine Christin ist: das freuet
Euch, einen Christen, einen Tempelherrn,
Der Ihr sie liebt, nicht mehr?

Tempelherr. Besonders, da
Sie eine Christin ist von Eurer Mache.

Daja.
Ah! so versteht Ihr's? So mag's gelten!—Nein!
Den will ich sehn, der die bekehren soll!
Ihr Glück ist, längst zu sein, was sie zu werden
Verdorben ist.

Tempelherr. Erklärt Euch, oder—geht!

Daja.
Sie ist ein Christenkind, von Christeneltern
Geboren; ist getauft...

Tempelherr (hastig). Und Nathan?

Daja. Nicht
Ihr Vater!

Tempelherr. Nathan nicht ihr Vater?—Wißt
Ihr, was Ihr sagt?

Daja. Die Wahrheit, die so oft
Mich blut'ge Tränen weinen machen.—Nein,
Er ist ihr Vater nicht...

Tempelherr. Und hätte sie
Als seine Tochter nur erzogen? hätte
Das Christenkind als eine Jüdin sich
Erzogen?

Daja. Ganz gewiß.

Tempelherr. Sie wüßte nicht,
Was sie geboren sei?—Sie hätt' es nie
Von ihm erfahren, daß sie eine Christin
Geboren sei, und keine Jüdin?

Daja. Nie!

Tempelherr.
Er hätt' in diesem Wahne nicht das Kind
Bloß auferzogen? ließ das Mädchen noch
In diesem Wahne?

Daja. Leider!

Tempelherr. Nathan—Wie?
Der weise gute Nathan hätte sich
Erlaubt, die Stimme der Natur so zu
Verfälschen?—Die Ergießung eines Herzens
So zu verrenken, die, sich selbst gelassen,
Ganz andre Wege nehmen würde?—Daja,
Ihr habt mir allerdings etwas vertraut—
Von Wichtigkeit,—was Folgen haben kann,—
Was mich verwirrt,—worauf ich gleich nicht weiß,
Was mir zu tun.—Drum laßt mir Zeit.—Drum geht!

Er kömmt hier wiederum vorbei. Er möcht'
Uns überfallen. Geht!

Daja. Ich wär' des Todes!

Tempelherr.
Ich bin ihn itzt zu sprechen ganz und gar
Nicht fähig. Wenn Ihr ihm begegnet, sagt
Ihm nur, daß wir einander bei dem Sultan
Schon finden würden.

Daja. Aber laßt Euch ja
Nichts merken gegen ihn.—Das soll nur so
Den letzten Druck dem Dinge geben; soll
Euch, Rechas wegen, alle Skrupel nur
Benehmen!—Wenn Ihr aber dann sie nach
Europa führt: so laßt Ihr doch mich nicht
Zurück?

Tempelherr. Das wird sich finden. Geht nur, geht!

Vierter Aufzug

Erster Auftritt

(Szene: in den Kreuzgängen des Klosters.)

Der Klosterbruder und bald darauf der Tempelherr.

Klosterbruder.
Ja, ja! er hat schon recht, der Patriarch!
Es hat mir freilich noch von alledem
Nicht viel gelingen wollen, was er mir
So aufgetragen.—Warum trägt er mir
Auch lauter solche Sachen auf?—Ich mag
Nicht fein sein; mag nicht überreden; mag

Mein Näschen nicht in alles stecken; mag
Mein Händchen nicht in allem haben.—Bin
Ich darum aus der Welt geschieden, ich
Für mich; um mich für andre mit der Welt
Noch erst recht zu verwickeln?

Tempelherr (mit Hast auf ihn zukommend).
Guter Bruder!
Da seid Ihr ja. Ich hab Euch lange schon
Gesucht.

Klosterbruder. Mich, Herr?

Tempelherr. Ihr kennt mich schon nicht mehr?

Klosterbruder.
Doch, doch! Ich glaubte nur, daß ich den Herrn
In meinem Leben wieder nie zu sehn
Bekommen würde. Denn ich hofft' es zu
Dem lieben Gott.—Der liebe Gott, der weiß,
Wie sauer mir der Antrag ward, den ich
Dem Herrn zu tun verbunden war. Er weiß,
Ob ich gewünscht, ein offnes Ohr bei Euch
Zu finden; weiß, wie sehr ich mich gefreut,
Im Innersten gefreut, daß Ihr so rund
Das alles, ohne viel Bedenken, von
Euch wies't, was einem Ritter nicht geziemt.—
Nun kommt Ihr doch; nun hat's doch nachgewirkt!

Tempelherr.
Ihr wißt es schon, warum ich komme? Kaum
Weiß ich es selbst.

Klosterbruder. Ihr habt's nun überlegt;
Habt nun gefunden, daß der Patriarch
So unrecht doch nicht hat; daß Ehr' und Geld
Durch seinen Anschlag zu gewinnen; daß

Ein Feind ein Feind ist, wenn er unser Engel
Auch siebenmal gewesen wäre. Das,
Das habt Ihr nun mit Fleisch und Blut erwogen,
Und kommt, und tragt Euch wieder an.—Ach Gott!

Tempelherr.
Mein frommer, lieber Mann! gebt Euch zufrieden.
Deswegen komm ich nicht; deswegen will
Ich nicht den Patriarchen sprechen. Noch,
Noch denk ich über jenen Punkt, wie ich
Gedacht, und wollt' um alles in der Welt
Die gute Meinung nicht verlieren, deren
Mich ein so grader, frommer, lieber Mann
Einmal gewürdiget.—Ich komme bloß,
Den Patriarchen über eine Sache
Um Rat zu fragen...

Klosterbruder. Ihr den Patriarchen?
Ein Ritter, einen—Pfaffen?
(Sich schüchtern umsehend.)

Tempelherr. Ja;—die Sach'
Ist ziemlich pfäffisch.

Klosterbruder. Gleichwohl fragt der Pfaffe
Den Ritter nie, die Sache sei auch noch
So ritterlich.

Tempelherr. Weil er das Vorrecht hat,
Sich zu vergehn; das unsereiner ihm
Nicht sehr beneidet.—Freilich, wenn ich nur
Für mich zu handeln hätte; freilich, wenn
Ich Rechenschaft nur mir zu geben hätte:
Was braucht' ich Euers Patriarchen? Aber
Gewisse Dinge will ich lieber schlecht,
Nach andrer Willen, machen; als allein
Nach meinem, gut.—Zudem, ich seh nun wohl,

Religion ist auch Partei; und wer
Sich drob auch noch so unparteiisch glaubt,
Hält, ohn' es selbst zu wissen, doch nur seiner
Die Stange. Weil das einmal nun so ist:
Wird's so wohl recht sein.

Klosterbruder. Dazu schweig ich lieber.
Denn ich versteh den Herrn nicht recht.

Tempelherr. Und doch!—
(Laß sehn, warum mir eigentlich zu tun!
Um Machtspruch oder Rat?—Um lautern, oder
Gelehrten Rat?)—Ich dank Euch, Bruder; dank
Euch für den guten Wink.—Was Patriarch?—
Seid Ihr mein Patriarch! Ich will ja doch
Den Christen mehr im Patriarchen, als
Den Patriarchen in dem Christen fragen.—
Die Sach' ist die...

Klosterbruder. Nicht weiter, Herr, nicht weiter!
Wozu?—Der Herr verkennt mich.—Wer viel weiß,
Hat viel zu sorgen; und ich habe ja
Mich einer Sorge nur gelobt.—O gut!
Hört! seht! Dort kömmt, zu meinem Glück, er selbst.
Bleibt hier nur stehn. Er hat Euch schon erblickt.

Zweiter Auftritt

Der Patriarch, welcher mit allem geistlichen Pomp den einen Kreuzgang
heraufkommt, und die Vorigen.

Tempelherr.
Ich wich' ihm lieber aus.—Wär' nicht mein Mann!
Ein dicker, roter, freundlicher Prälat!
Und welcher Prunk!

Klosterbruder. Ihr solltet ihn erst sehn
Nach Hofe sich erheben. Itzo kömmt
Er nur von einem Kranken.

Tempelherr. Wie sich da
Nicht Saladin wird schämen müssen!

Patriarch (indem er näherkommt, winkt dem Bruder). Hier!—
Das ist ja wohl der Tempelherr. Was will
Er?

Klosterbruder. Weiß nicht.

Patriarch (auf ihn zugehend, indem der Bruder und das Gefolge
zurücktreten).
Nun, Herr Ritter!—Sehr erfreut,
Den braven jungen Mann zu sehn!—Ei, noch
So gar jung!—Nun, mit Gottes Hilfe, daraus
Kann etwas werden.

Tempelherr. Mehr, ehrwürd'ger Herr,
Wohl schwerlich, als schon ist. Und eher noch,
Was weniger.

Patriarch. Ich wünsche wenigstens,
Daß so ein frommer Ritter lange noch
Der lieben Christenheit, der Sache Gottes
Zu Ehr' und Frommen blühn und grünen möge!
Das wird denn auch nicht fehlen, wenn nur fein
Die junge Tapferkeit dem reifen Rate
Des Alters folgen will!—Womit wär' sonst
Dem Herrn zu dienen?

Tempelherr. Mit dem nämlichen,
Woran es meiner Jugend fehlt: mit Rat.

Patriarch.
Recht gern!—Nur ist der Rat auch anzunehmen.

Tempelherr.
Doch blindlings nicht?

Patriarch. Wer sagt denn das?—Ei freilich
Muß niemand die Vernunft, die Gott ihm gab,
Zu brauchen unterlassen,—wo sie hin-
Gehört.—Gehört sie aber überall
Denn hin?—O nein!—Zum Beispiel: wenn uns Gott
Durch einen seiner Engel,—ist zu sagen,
Durch einen Diener seines Worts,—ein Mittel
Bekannt zu machen würdiget, das Wohl
Der ganzen Christenheit, das Heil der Kirche,
Auf irgendeine ganz besondre Weise
Zu fördern, zu befestigen: wer darf
Sich da noch unterstehn, die Willkür des,
Der die Vernunft erschaffen, nach Vernunft
Zu untersuchen? und das ewige
Gesetz der Herrlichkeit des Himmels, nach
Den kleinen Regeln einer eiteln Ehre
Zu prüfen?—Doch hiervon genug.—Was ist
Es denn, worüber unsern Rat für itzt
Der Herr verlangt?

Tempelherr. Gesetzt, ehrwürd'ger Vater,
Ein Jude hätt' ein einzig Kind,—es sei
Ein Mädchen,—das er mit der größten Sorgfalt
Zu allem Guten auferzogen, das
Er liebe mehr als seine Seele, das
Ihn wieder mit der frömmsten Liebe liebe.
Und nun würd' unsereinem hinterbracht,
Dies Mädchen sei des Juden Tochter nicht;
Er hab' es in der Kindheit aufgelesen,
Gekauft, gestohlen,—was Ihr wollt; man wisse,
Das Mädchen sei ein Christenkind, und sei
Getauft; der Jude hab' es nur als Jüdin

Erzogen; lass' es nur als Jüdin und
Als seine Tochter so verharren:—sagt,
Ehrwürd'ger Vater, was wär' hierbei wohl
Zu tun?

Patriarch. Mich schaudert!—Doch zu allererst
Erkläre sich der Herr, ob so ein Fall
Ein Faktum oder eine Hypothes'.
Das ist zu sagen: ob der Herr sich das
Nur bloß so dichtet, oder ob's geschehn,
Und fortfährt zu geschehn.

Tempelherr. Ich, glaubte, das
Sei eins, um Euer Hochehrwürden Meinung
Bloß zu vernehmen.

Patriarch. Eins?—Da seh' der Herr
Wie sich die stolze menschliche Vernunft
Im Geistlichen doch irren kann.—Mitnichten!
Denn ist der vorgetragne Fall nur so
Ein Spiel des Witzes: so verlohnt es sich
Der Mühe nicht, im Ernst ihn durchzudenken.
Ich will den Herrn damit auf das Theater
Verwiesen haben, wo dergleichen pro
Et contra sich mit vielem Beifall könnte
Behandeln lassen.—Hat der Herr mich aber
Nicht bloß mit einer theatral'schen Schnurre
Zum besten; ist der Fall ein Faktum; hätt'
Er sich wohl gar in unsrer Diözes',
In unsrer lieben Stadt Jerusalem
Ereignet:—ja alsdann—

Tempelherr. Und was alsdann?

Patriarch.
Dann wäre an dem Juden fördersamst
Die Strafe zu vollziehn, die päpstliches

Und kaiserliches Recht so einem Frevel,
So einer Lastertat bestimmen.

Tempelherr. So?

Patriarch.
Und zwar bestimmen obbesagte Rechte
Dem Juden, welcher einen Christen zur
Apostasie verführt,—den Scheiterhaufen,
Den Holzstoß—

Tempelherr. So?

Patriarch. Und wieviel mehr dem Juden,
Der mit Gewalt ein armes Christenkind
Dem Bunde seiner Tauf' entreißt! Denn ist
Nicht alles, was man Kindern tut, Gewalt?—
Zu sagen:—ausgenommen, was die Kirch'
An Kindern tut.

Tempelherr. Wenn aber nun das Kind,
Erbarmte seiner sich der Jude nicht,
Vielleicht im Elend umgekommen wäre?

Patriarch.
Tut nichts! der Jude wird verbrannt!—Denn besser,
Es wäre hier im Elend umgekommen,
Als daß zu seinem ewigen Verderben
Es so gerettet ward.—Zudem, was hat
Der Jude Gott denn vorzugreifen? Gott
Kann, wen er retten will, schon ohn' ihn retten.

Tempelherr.
Auch trotz ihm, sollt' ich meinen,—selig machen.

Patriarch.
Tut nichts! der Jude wird verbrannt.

Tempelherr. Das geht
Mir nah'! Besonders, da man sagt, er habe
Das Mädchen nicht sowohl in seinem, als
Vielmehr in keinem Glauben auferzogen,
Und sie von Gott nicht mehr nicht weniger
Gelehrt, als der Vernunft genügt.

Patriarch. Tut nichts!
Der Jude wird verbrannt... Ja, wär' allein
Schon dieserwegen wert, dreimal verbrannt
Zu werden!—Was? ein Kind ohn' allen Glauben
Erwachsen lassen?—Wie? die große Pflicht,
Zu glauben, ganz und gar ein Kind nicht lehren?
Das ist zu arg! Mich wundert sehr, Herr Ritter,
Euch selbst...

Tempelherr. Ehrwürd'ger Herr, das übrige,
Wenn Gott will, in der Beichte. (Will gehn.)

Patriarch. Was? mir nun
Nicht einmal Rede stehn?—Den Bösewicht,
Den Juden mir nicht nennen?—mir ihn nicht
Zur Stelle schaffen?—O da weiß ich Rat!
Ich geh sogleich zum Sultan.—Saladin,
Vermöge der Kapitulation,
Die er beschworen, muß uns, muß uns schützen;
Bei allen Rechten, allen Lehren schützen,
Die wir zu unsrer Allerheiligsten
Religion nur immer rechnen dürfen!
Gottlob! wir haben das Original.
Wir haben seine Hand, sein Siegel. Wir!—
Auch mach ich ihm gar leicht begreiflich, wie
Gefährlich selber für den Staat es ist,
Nichts glauben! Alle bürgerliche Bande
Sind aufgelöset, sind zerrissen, wenn

Der Mensch nichts glauben darf.—Hinweg! hinweg
Mit solchem Frevel!...

Tempelherr. Schade, daß ich nicht
Den trefflichen Sermon mit beßrer Muße
Genießen kann! Ich bin zum Saladin
Gerufen.

Patriarch. Ja?—Nun so—Nun freilich—Dann—

Tempelherr.
Ich will den Sultan vorbereiten, wenn
Es Eurer Hochehrwürden so gefällt.

Patriarch.
Oh, oh!—Ich weiß, der Herr hat Gnade funden
Vor Saladin!—Ich bitte meiner nur
Im Besten bei ihm eingedenk zu sein.—
Mich treibt der Eifer Gottes lediglich.
Was ich zuviel tu, tu ich ihm.—Das wolle
Doch ja der Herr erwägen!—Und nicht wahr,
Herr Ritter? das vorhin Erwähnte von
Dem Juden, war nur ein Problema?—ist
Zu sagen—

Tempelherr. Ein Problema. (Geht ab.)

Patriarch. (Dem ich tiefer
Doch auf den Grund zu kommen suchen muß.
Das wär' so wiederum ein Auftrag für
Den Bruder Bonafides.)—Hier, mein Sohn!

(Er spricht im Abgehn mit dem Klosterbruder.)

Dritter Auftritt

(Szene: ein Zimmer im Palaste des Saladin, in welches von Sklaven eine Menge Beutel getragen, und auf dem Boden nebeneinandergestellt werden.)

Saladin und bald darauf Sittah.

Saladin (der dazukömmt).
Nun wahrlich! das hat noch kein Ende.—Ist
Des Dings noch viel zurück?

Ein Sklave. Wohl noch die Hälfte.

Saladin.
So tragt das übrige zu Sittah.—Und
Wo bleibt Al-Hafi? Das hier soll sogleich
Al-Hafi zu sich nehmen.—Oder ob
Ich's nicht vielmehr dem Vater schicke? Hier
Fällt mir es doch nur durch die Finger.—Zwar
Man wird wohl endlich hart; und nun gewiß
Soll's Künste kosten, mir viel abzuzwacken.
Bis wenigstens die Gelder aus Ägypten
Zur Stelle kommen, mag das Armut sehn,
Wie's fertig wird!—Die Spenden bei dem Grabe,
Wenn die nur fortgehn! Wenn die Christenpilger
Mit leeren Händen nur nicht abziehn dürfen!
Wenn nur—

Sittah. Was soll nun das? Was soll das Geld
Bei mir?

Saladin. Mach dich davon bezahlt; und leg
Auf Vorrat, wenn was übrigbleibt.

Sittah. Ist Nathan
Noch mit dem Tempelherrn nicht da?

Saladin. Er sucht
Ihn aller Orten.

Sittah. Sieh doch, was ich hier,
Indem mir so mein alt Geschmeide durch
Die Hände geht, gefunden.

(Ihm ein klein Gemälde zeigend.)

Saladin. Ha! mein Bruder!
Das ist er, ist er!—War er! war er! ah!—
Ah wackrer lieber Junge, daß ich dich
So früh verlor! Was hätt' ich erst mit dir,
An deiner Seit' erst unternommen!—Sittah,
Laß mir das Bild. Auch kenn ich's schon: er gab
Es deiner ältern Schwester, seiner Lilla,
Die eines Morgens ihn so ganz und gar
Nicht aus den Armen lassen wollt'. Es war
Der letzte, den er ausritt.—Ah, ich ließ
Ihn reiten, und allein!—Ah, Lilla starb
Vor Gram, und hat mir's nie vergeben, daß
Ich so allein ihn reiten lassen.—Er
Blieb weg!

Sittah. Der arme Bruder!

Saladin. Laß nur gut
Sein!—Einmal bleiben wir doch alle weg!—
Zudem,—wer weiß? Der Tod ist's nicht allein,
Der einem Jüngling seiner Art das Ziel
Verrückt. Er hat der Feinde mehr; und oft
Erliegt der Stärkste gleich dem Schwächsten.—Nun,
Sei wie ihm sei!—Ich muß das Bild doch mit
Dem jungen Tempelherrn vergleichen; muß
Doch sehn, wieviel mich meine Phantasie
Getäuscht.

Sittah. Nur darum bring ich's. Aber gib
Doch, gib! Ich will dir das wohl sagen; das
Versteht ein weiblich Aug' am besten.

Saladin (zu einem Türsteher, der hereintritt).
Wer
Ist da?—der Tempelherr?—Er komm'!

Sittah. Euch nicht
Zu stören: ihn mit meiner Neugier nicht
Zu irren—
(Sie setzt sich seitwärts auf einen Sofa und läßt den Schleier fallen.)

Saladin. Gut so! gut!—(Und nun sein Ton!
Wie der wohl sein wird!—Assads Ton
Schläft auch wohl wo in meiner Seele noch!)

Vierter Auftritt

Der Tempelherr und Saladin.

Tempelherr.
Ich, dein Gefangner, Sultan...

Saladin. Mein Gefangner?
Wem ich das Leben schenke, werd ich dem
Nicht auch die Freiheit schenken?

Tempelherr. Was dir ziemt
Zu tun, ziemt mir, erst zu vernehmen, nicht
Vorauszusetzen. Aber, Sultan,—Dank,
Besondern Dank dir für mein Leben zu
Beteuern, stimmt mit meinem Stand und meinem
Charakter nicht.—Es steht in allen Fällen
Zu deinen Diensten wieder.

Saladin. Brauch es nur
Nicht wider mich!—Zwar ein paar Hände mehr,

Die gönnt' ich meinem Feinde gern. Allein
Ihm so ein Herz auch mehr zu gönnen, fällt
Mir schwer.—Ich habe mich mit dir in nichts
Betrogen, braver junger Mann! Du bist
Mit Seel' und Leib mein Assad. Sieh! ich könnte
Dich fragen: wo du denn die ganze Zeit
Gesteckt? in welcher Höhle du geschlafen?
In welchem Ginnistan, von welcher guten
Div diese Blume fort und fort so frisch
Erhalten worden? Sieh! ich könnte dich
Erinnern wollen, was wir dort und dort
Zusammen ausgeführt. Ich könnte mit
Dir zanken, daß du ein Geheimnis doch
Vor mir gehabt! Ein Abenteuer mir
Doch unterschlagen:—Ja das könnt' ich; wenn
Ich dich nur säh', und nicht auch mich.—Nun, mag's!
Von dieser süßen Träumerei ist immer
Doch so viel wahr, daß mir in meinem Herbst
Ein Assad wieder blühen soll.—Du bist
Es doch zufrieden, Ritter?

Tempelherr. Alles, was
Von dir mir kömmt,—sei was es will—das lag
Als Wunsch in meiner Seele.

Saladin. Laß uns das
Sogleich versuchen.—Bliebst du wohl bei mir?
Um mir?—Als Christ, als Muselmann: gleichviel!
Im weißen Mantel, oder Jamerlonk;
Im Tulban, oder deinem Filze: wie
Du willst! Gleichviel! Ich habe nie verlangt,
Daß allen Bäumen eine Rinde wachse.

Tempelherr.
Sonst wärst du wohl auch schwerlich, der du bist:
Der Held, der lieber Gottes Gärtner wäre.

Saladin.
Nun dann; wenn du nicht schlechter von mir denkst:
So wären wir ja halb schon richtig?

Tempelherr Ganz!

Saladin (ihm die Hand bietend).
Ein Wort?

Tempelherr (einschlagend).
Ein Mann!—Hiermit empfange mehr
Als du mir nehmen konntest. Ganz der Deine!

Saladin.
Zuviel Gewinn für einen Tag! zuviel!
Kam er nicht mit?

Tempelherr. Wer?

Saladin. Nathan.

Tempelherr (frostig). Nein. Ich kam
Allein.

Saladin. Welch eine Tat von dir! Und welch
Ein weises Glück, daß eine solche Tat
Zum Besten eines solchen Mannes ausschlug.

Tempelherr.
Ja, ja!

Saladin. So kalt?—Nein, junger Mann! wenn Gott
Was Gutes durch uns tut, muß man so kalt
Nicht sein!—selbst aus Bescheidenheit so kalt
Nicht scheinen wollen!

Tempelherr. Daß doch in der Welt
Ein jedes Ding so manche Seiten hat!—
Von denen oft sich gar nicht denken läßt,
Wie sie zusammenpassen!

Saladin. Halte dich
Nur immer an die best', und preise Gott!
Der weiß, wie sie zusammenpassen.—Aber,
Wenn du so schwierig sein willst, junger Mann:
So werd auch ich ja wohl auf meiner Hut
Mich mit dir halten müssen? Leider bin
Auch ich ein Ding von vielen Seiten, die
Oft nicht so recht zu passen scheinen mögen.

Tempelherr.
Das schmerzt!—Denn Argwohn ist so wenig sonst
Mein Fehler—

Saladin. Nun, so sage doch, mit wem
Du's hast?—Es schien ja gar, mit Nathan. Wie?
Auf Nathan Argwohn? du?—Erklär dich! sprich!
Komm, gib mir deines Zutrauns erste Probe.

Tempelherr.
Ich habe wider Nathan nichts. Ich zürn
Allein mit mir—

Saladin. Und über was?

Tempelherr. Daß mir
Geträumt, ein Jude könn' auch wohl ein Jude
Zu sein verlernen; daß mir wachend so
Geträumt.

Saladin. Heraus mit diesem wachen Traume!

Tempelherr.
Du weißt von Nathans Tochter, Sultan. Was

Ich für sie tat, das tat ich,—weil ich's tat.
Zu stolz, Dank einzuernten, wo ich ihn
Nicht säete, verschmäht' ich Tag für Tag,
Das Mädchen noch einmal zu sehn. Der Vater
War fern; er kömmt; er hört; er sucht mich auf;
Er dankt; er wünscht, daß seine Tochter mir
Gefallen möge; spricht von Aussicht, spricht
Von heitern Fernen.—Nun, ich lasse mich
Beschwatzen, komme, sehe, finde wirklich
Ein Mädchen... Ah, ich muß mich schämen, Sultan!—

Saladin.
Dich schämen?—daß ein Judenmädchen auf
Dich Eindruck machte: doch wohl nimmermehr?

Tempelherr.
Daß diesem Eindruck, auf das liebliche
Geschwätz des Vaters hin, mein rasches Herz
So wenig Widerstand entgegensetzte!—
Ich Tropf! ich sprang zum zweitenmal ins Feuer.
Denn nun warb ich, und nun ward ich verschmäht.

Saladin.
Verschmäht?

Tempelherr. Der weise Vater schlägt nun wohl
Mich platterdings nicht aus. Der weise Vater
Muß aber doch sich erst erkunden, erst
Besinnen. Allerdings! Tat ich denn das
Nicht auch? Erkundete, besann ich denn
Mich erst nicht auch, als sie im Feuer schrie?—
Fürwahr! bei Gott! Es ist doch gar was Schönes,
So weise, so bedächtig sein!

Saladin. Nun, nun!
So sieh doch einem Alten etwas nach!
Wie lange können seine Weigerungen

Denn dauern? Wird er denn von dir verlangen,
Daß du erst Jude werden sollst?

Tempelherr. Wer weiß!

Saladin.
Wer weiß?—der diesen Nathan besser kennt.

Tempelherr.
Der Aberglaub', in dem wir aufgewachsen,
Verliert, auch wenn wir ihn erkennen, darum
Doch seine Macht nicht über uns.—Es sind
Nicht alle frei, die ihrer Ketten spotten.

Saladin.
Sehr reif bemerkt! Doch Nathan wahrlich, Nathan...

Tempelherr.
Der Aberglauben schlimmster ist, den seinen
Für den erträglichern zu halten...

Saladin. Mag
Wohl sein! Doch Nathan...,

Tempelherr. Dem allein
Die blöde Menschheit zu vertrauen, bis
Sie hellern Wahrheitstag gewöhne; dem
Allein...

Saladin. Gut! Aber Nathan!—Nathans Los
Ist diese Schwachheit nicht.

Tempelherr. So dacht' ich auch! ...
Wenn gleichwohl dieser Ausbund aller Menschen
So ein gemeiner Jude wäre, daß
Er Christenkinder zu bekommen suche,
Um sie als Juden aufzuziehn:—wie dann?

Saladin.
Wer sagt ihm so was nach?

Tempelherr. Das Mädchen selbst,
Mit welcher er mich körnt, mit deren Hoffnung
Er gern mir zu bezahlen schiene, was
Ich nicht umsonst für sie getan soll haben:—
Dies Mädchen selbst ist seine Tochter—nicht;
Ist ein verzettelt Christenkind.

Saladin. Das er
Dem ungeachtet dir nicht geben wollte?

Tempelherr (heftig).
Woll' oder wolle nicht! Er ist entdeckt.
Der tolerante Schwätzer ist entdeckt!
Ich werde hinter diesen jüd'schen Wolf
Im philosoph'schen Schafpelz Hunde schon
Zu bringen wissen, die ihn zausen sollen!

Saladin (ernst).
Sei ruhig, Christ!

Tempelherr. Was? ruhig Christ?—Wenn Jud'
Und Muselmann, auf Jud', auf Muselmann
Bestehen: soll allein der Christ den Christen
Nicht machen dürfen?

Saladin (noch ernster). Ruhig, Christ!

Tempelherr (gelassen). Ich fühle
Des Vorwurfs ganze Last,—die Saladin
In diese Silbe preßt! Ah, wenn ich wüßte,
Wie Assad,—Assad sich an meiner Stelle
Hierbei genommen hätte!

Saladin. Nicht viel besser!—
Vermutlich ganz so brausend!—Doch, wer hat
Denn dich auch schon gelehrt, mich so wie er
Mit einem Worte zu bestechen? Freilich
Wenn alles sich verhält, wie du mir sagest:

Kann ich mich selber kaum in Nathan finden.—
Indes, er ist mein Freund, und meiner Freunde
Muß keiner mit dem andern hadern.—Laß
Dich weisen! Geh behutsam! Gib ihn nicht
Sofort den Schwärmern deines Pöbels preis!
Verschweig, was deine Geistlichkeit, an ihm
Zu rächen, mir so nahe legen würde!
Sei keinem Juden, keinem Muselmanne
Zum Trotz ein Christ!

Tempelherr. Bald wär's damit zu spät!
Doch dank der Blutbegier des Patriarchen,
Des Werkzeug mir zu werden graute!

Saladin. Wie?
Du kamst zum Patriarchen eher, als
Zu mir?

Tempelherr. Im Sturm der Leidenschaft, im Wirbel
Der Unentschlossenheit!—Verzeih!—Du wirst
Von deinem Assad, fürcht ich, ferner nun
Nichts mehr in mir erkennen wollen.

Saladin. Wär'
Es diese Furcht nicht selbst! Mich dünkt, ich weiß,
Aus welchen Fehlern unsre Tugend keimt.
Pfleg diese ferner nur, und jene sollen
Bei mir dir wenig schaden.—Aber geh!
Such du nun Nathan, wie er dich gesucht;
Und bring ihn her. Ich muß euch doch zusammen
Verständigen.—Wär' um das Mädchen dir
Im Ernst zu tun: sei ruhig. Sie ist dein!
Auch soll es Nathan schon empfinden, daß
Er ohne Schweinefleisch ein Christenkind
Erziehen dürfen!—Geh!

(Der Tempelherr geht ab, und Sittah verläßt den Sofa.)

Fünfter Auftritt

Saladin und Sittah.

Sittah. Ganz sonderbar!

Saladin.
Gelt, Sittah? Muß mein Assad nicht ein braver,
Ein schöner junger Mann gewesen sein?

Sittah.
Wenn er so war, und nicht zu diesem Bilde
Der Tempelherr vielmehr gesessen!—Aber
Wie hast du doch vergessen können dich
Nach seinen Eltern zu erkundigen?

Saladin.
Und insbesondre wohl nach seiner Mutter?
Ob seine Mutter hierzulande nie
Gewesen sei?—Nicht wahr?

Sittah. Das machst du gut!

Saladin.
Oh, möglicher wär' nichts! Denn Assad war
Bei hübschen Christendamen so willkommen,
Auf hübsche Christendamen so erpicht,
Daß einmal gar die Rede ging—Nun, nun;
Man spricht nicht gern davon.—Genug; ich hab
Ihn wieder!—will mit allen seinen Fehlern,
Mit allen Launen seines weichen Herzens
Ihn wieder haben!—Oh! das Mädchen muß
Ihm Nathan geben. Meinst du nicht?

Sittah. Ihm geben?
Ihm lassen!

Saladin. Allerdings! Was hätte Nathan,
Sobald er nicht ihr Vater ist, für Recht
Auf sie? Wer ihr das Leben so erhielt,
Tritt einzig in die Rechte des, der ihr
Es gab.

Sittah. Wie also, Saladin? wenn du
Nur gleich das Mädchen zu dir nähmst? Sie nur
Dem unrechtmäßigen Besitzer gleich
Entzögest?

Saladin. Täte das wohl not?

Sittah. Not nun
Wohl eben nicht!—Die liebe Neubegier
Treibt mich allein, dir diesen Rat zu geben.
Denn von gewissen Männern mag ich gar
Zu gern, so bald wie möglich, wissen, was
Sie für ein Mädchen lieben können.

Saladin. Nun,
So schick und laß sie holen.

Sittah. Darf ich, Bruder?

Saladin.
Nur schone Nathans! Nathan muß durchaus
Nicht glauben, daß man mit Gewalt ihn von
Ihr trennen wolle.

Sittah. Sorge nicht.

Saladin. Und ich,
Ich muß schon selbst sehn, wo Al-Hafi bleibt.

Sechster Auftritt

(Szene: die offne Flur in Nathans Hause, gegen die Palmen zu; wie im ersten Auftritte des ersten Aufzuges. Ein Teil der Waren und Kostbarkeiten liegt ausgekramt, deren ebendaselbst gedacht wird.)

Nathan und Daja.

Daja. Oh, alles herrlich! alles auserlesen!
Oh, alles—wie nur Ihr es geben könnt.
Wo wird der Silberstoff mit goldnen Ranken
Gemacht? Was kostet er?—Das nenn ich noch
Ein Brautkleid! Keine Königin verlangt
Es besser.

Nathan. Brautkleid? Warum Brautkleid eben?

Daja.
Je nun! Ihr dachtet daran freilich nicht,
Als Ihr ihn kauftet.—Aber wahrlich, Nathan,
Der und kein andrer muß es sein! Er ist
Zum Brautkleid wie bestellt. Der weiße Grund;
Ein Bild der Unschuld: und die goldnen Ströme,
Die allerorten diesen Grund durchschlängeln;
Ein Bild des Reichtums. Seht Ihr? Allerliebst!

Nathan.
Was witzelst du mir da? Von wessen Brautkleid
Sinnbilderst du mir so gelehrt?—Bist du
Denn Braut?

Daja. Ich?

Nathan. Nun wer denn?

Daja. Ich?—lieber Gott!

138

Nathan.
Wer denn? Von wessen Brautkleid sprichst du denn?
Das alles ist ja dein, und keiner andern.

Daja.
Ist mein? Soll mein sein?—Ist für Recha nicht?

Nathan.
Was ich für Recha mitgebracht, das liegt
In einem andern Ballen. Mach! nimm weg!
Trag deine Siebensachen fort!

Daja. Versucher!
Nein, wären es die Kostbarkeiten auch
Der ganzen Welt! Nicht rühr an! wenn Ihr mir
Vorher nicht schwört, von dieser einzigen
Gelegenheit, dergleichen Euch der Himmel
Nicht zweimal schicken wird, Gebrauch zu machen.

Nathan.
Gebrauch? von was?—Gelegenheit? wozu?

Daja.
O stellt Euch nicht so fremd!—Mit kurzen Worten!
Der Tempelherr liebt Recha: gebt sie ihm,
So hat doch einmal Eure Sünde, die
Ich länger nicht verschweigen kann, ein Ende.
So kömmt das Mädchen wieder unter Christen;
Wird wieder, was sie ist; ist wieder, was
Sie ward: und Ihr, Ihr habt mit all dem Guten,
Was wir Euch nicht genug verdanken können,
Nicht Feuerkohlen bloß auf Euer Haupt
Gesammelt.

Nathan. Doch die alte Leier wieder?—
Mit einer neuen Saite nur bezogen,
Die, fürcht ich, weder stimmt noch hält.

Daja. Wieso?

Nathan.
Mir wär' der Tempelherr schon recht. Ihm gönnt'
Ich Recha mehr als einem in der Welt.
Allein... Nun, habe nur Geduld.

Daja. Geduld?
Geduld ist Eure alte Leier nun
Wohl nicht?

Nathan. Nur wenig Tage noch Geduld! ...
Sieh doch!—Wer kömmt denn dort?
Ein Klosterbruder?
Geh, frag ihn was er will.

Daja. Was wird er wollen?

(Sie geht auf ihn zu und fragt.)

Nathan.
So gib!—und eh' er bittet.—(Wüßt' ich nur
Dem Tempelherrn erst beizukommen, ohne
Die Ursach' meiner Neugier ihm zu sagen!
Denn wenn ich sie ihm sag', und der Verdacht
Ist ohne Grund: so hab ich ganz umsonst
Den Vater auf das Spiel gesetzt.)—Was ist's?

Daja.
Er will Euch sprechen.

Nathan. Nun, so laß ihn kommen;
Und geh indes.

Siebenter Auftritt

Nathan und der Klosterbruder.

Nathan. (Ich bliebe Rechas Vater
Doch gar zu gern!—Zwar kann ich's denn nicht bleiben,
Auch wenn ich aufhör, es zu heißen?—Ihr,
Ihr selbst werd ich's doch immer auch noch heißen,
Wenn sie erkennt, wie gern ich's wäre.)—Geh!—
Was ist zu Euern Diensten, frommer Bruder?

Klosterbruder.
Nicht eben viel.—Ich freue mich, Herr Nathan,
Euch annoch wohl zu sehn.

Nathan. So kennt Ihr mich?

Klosterbruder.
Je nu; wer kennt Euch nicht? Ihr habt so manchem
Ja Euern Namen in die Hand gedrückt.
Er steht in meiner auch, seit vielen Jahren.

Nathan (nach seinem Beutel langend).
Kommt, Bruder, kommt; ich frisch ihn auf.

Klosterbruder. Habt Dank!
Ich würd' es Ärmern stehlen; nehme nichts.—
Wenn Ihr mir nur erlauben wollt, ein wenig
Euch meinen Namen aufzufrischen. Denn
Ich kann mich rühmen, auch in Eure Hand
Etwas gelegt zu haben, was nicht zu
Verachten war.

Nathan. Verzeiht!—Ich schäme mich—
Sagt, was?—und nehmt zur Buße siebenfach
Den Wert desselben von mir an.

Klosterbruder. Hört doch
Vor allen Dingen, wie ich selber nur
Erst heut an dies mein Euch vertrautes Pfand
Erinnert worden.

Nathan. Mir vertrautes Pfand?

Klosterbruder.
Vor kurzem saß ich noch als Eremit
Auf Quarantana, unweit Jericho.
Da kam arabisch Raubgesindel, brach
Mein Gotteshäuschen ab und meine Zelle
Und schleppte mich mit fort. Zum Glück entkam
Ich noch und floh hierher zum Patriarchen,
Um mir ein ander Plätzchen auszubitten,
Allwo ich meinem Gott in Einsamkeit
Bis an mein selig Ende dienen könne.

Nathan.
Ich steh auf Kohlen, guter Bruder. Macht
Es kurz. Das Pfand! das mir vertraute Pfand!

Klosterbruder.
Sogleich, Herr Nathan.—Nun, der Patriarch
Versprach mir eine Siedelei auf Tabor,
Sobald als eine leer; und hieß inzwischen
Im Kloster mich als Laienbruder bleiben.
Da bin ich itzt, Herr Nathan; und verlange
Des Tags wohl hundertmal auf Tabor. Denn
Der Patriarch braucht mich zu allerlei,
Wovor ich großen Ekel habe. Zum
Exempel:

Nathan. Macht, ich bitt Euch!

Klosterbruder. Nun, es kömmt!—
Da hat ihm jemand heut ins Ohr gesetzt:

Es lebe hier herum ein Jude, der
Ein Christenkind als seine Tochter sich
Erzöge.

Nathan. Wie? (Betroffen.)

Klosterbruder. Hört mich nur aus!—Indem
Er mir nun aufträgt, diesem Juden stracks,
Wo möglich, auf die Spur zu kommen, und
Gewaltig sich ob eines solchen Frevels
Erzürnt, der ihm die wahre Sünde wider
Den heil'gen Geist bedünkt;—das ist, die Sünde,
Die aller Sünden größte Sünd' uns gilt,
Nur daß wir, Gott sei Dank, so recht nicht wissen,
Worin sie eigentlich besteht:—da wacht
Mit einmal mein Gewissen auf; und mir
Fällt bei, ich könnte selber wohl vor Zeiten
Zu dieser unverzeihlich großen Sünde
Gelegenheit gegeben haben.—Sagt:
Hat Euch ein Reitknecht nicht vor achtzehn Jahren
Ein Töchterchen gebracht von wenig Wochen?

Nathan.
Wie das?—Nun freilich—allerdings—

Klosterbruder. Ei, seht
Mich doch recht an!—Der Reitknecht, der bin ich.

Nathan.
Seid ihr?

Klosterbruder. Der Herr, von welchem ich's Euch brachte,
War—ist mir recht—ein Herr von Filnek.—Wolf
Von Filnek!

Nathan. Richtig!

Klosterbruder. Weil die Mutter kurz
Vorher gestorben war; und sich der Vater
Nach—mein ich—Gazza plötzlich werfen mußte,
Wohin das Würmchen ihm nicht folgen konnte:
So sandt' er's Euch. Und traf ich Euch damit
Nicht in Darun?

Nathan. Ganz recht!

Klosterbruder. Es wär' kein Wunder,
Wenn mein Gedächtnis mich betrög'. Ich habe
Der braven Herrn so viel gehabt; und diesem
Hab ich nur gar zu kurze Zeit gedient.
Er blieb bald drauf bei Askalon: und war
Wohl sonst ein lieber Herr.

Nathan. Ja wohl! Ja wohl!
Dem ich so viel, so viel zu danken habe!
Der mehr als einmal mich dem Schwert entrissen!

Klosterbruder.
O schön! So werd't Ihr seines Töchterchens
Euch um so lieber angenommen haben.

Nathan.
Das könnt Ihr denken.

Klosterbruder. Nun, wo ist es denn?
Es ist doch wohl nicht etwa gar gestorben?—
Laßt's lieber nicht gestorben sein!—Wenn sonst
Nur niemand um die Sache weiß: so hat
Es gute Wege.

Nathan. Hat es?

Klosterbruder. Traut mir, Nathan!
Denn seht, ich denke so! Wenn an das Gute,
Das ich zu tun vermeine, gar zu nah

144

Was gar zu Schlimmes grenzt: so tu ich lieber
Das Gute nicht; weil wir das Schlimme zwar
So ziemlich zuverlässig kennen, aber
Bei weiten nicht das Gute.—War ja wohl
Natürlich; wenn das Christentöchterchen
Recht gut von Euch erzogen werden sollte:
Daß Ihr's als Euer eigen Töchterchen
Erzögt.—Das hättet Ihr mit aller Lieb'
Und Treue nun getan, und müßtet so
Belohnet werden? Das will mir nicht ein.
Ei freilich, klüger hättet Ihr getan;
Wenn Ihr die Christin durch die zweite Hand
Als Christin auferziehen lassen: aber
So hättet Ihr das Kindchen Eures Freunds
Auch nicht geliebt. Und Kinder brauchen Liebe,
Wär's eines wilden Tieres Lieb' auch nur,
In solchen Jahren mehr, als Christentum.
Zum Christentume hat's noch immer Zeit.
Wenn nur das Mädchen sonst gesund und fromm
Vor Euern Augen aufgewachsen ist,
So blieb's vor Gottes Augen, was es war.
Und ist denn nicht das ganze Christentum
Aufs Judentum gebaut? Es hat mich oft
Geärgert, hat mir Tränen g'nug gekostet,
Wenn Christen gar so sehr vergessen konnten,
Daß unser Herr ja selbst ein Jude war.

Nathan.
Ihr, guter Bruder, müßt mein Fürsprach sein,
Wenn Haß und Gleisnerei sich gegen mich
Erheben sollten,—wegen einer Tat—
Ah, wegen einer Tat!—Nur Ihr, Ihr sollt
Sie wissen!—Nehmt sie aber mit ins Grab!
Noch hat mich nie die Eitelkeit versucht,

Sie jemand andern zu erzählen. Euch
Allein erzähl ich sie. Der frommen Einfalt
Allein erzähl ich sie. Weil die allein
Versteht, was sich der gottergebne Mensch
Für Taten abgewinnen kann.

Klosterbruder. Ihr seid
Gerührt, und Euer Auge steht voll Wasser?

Nathan.
Ihr traft mich mit dem Kinde zu Darun.
Ihr wißt wohl aber nicht, daß wenig Tage
Zuvor, in Gath die Christen alle Juden
Mit Weib und Kind ermordet hatten; wißt
Wohl nicht, daß unter diesen meine Frau
Mit sieben hoffnungsvollen Söhnen sich
Befunden, die in meines Bruders Hause,
Zu dem ich sie geflüchtet, insgesamt
Verbrennen müssen.

Klosterbruder. Allgerechter!

Nathan. Als
Ihr kamt, hatt' ich drei Tag' und Nächt' in Asch'
Und Staub vor Gott gelegen, und geweint.—
Geweint? Beiher mit Gott auch wohl gerechtet,
Gezürnt, getobt, mich und die Welt verwünscht;
Der Christenheit den unversöhnlichsten
Haß zugeschworen—

Klosterbruder. Ach! Ich glaub's Euch wohl!

Nathan.
Doch nun kam die Vernunft allmählich wieder.
Sie sprach mit sanfter Stimm': "und doch ist Gott!
Doch war auch Gottes Ratschluß das! Wohlan!
Komm! übe, was du längst begriffen hast,

146

Was sicherlich zu üben schwerer nicht,
Als zu begreifen ist, wenn du nur willst.
Steh auf!"—Ich stand! und rief zu Gott: ich will!
Willst du nur, daß ich will!—Indem stiegt Ihr
Vom Pferd, und überreichtet mir das Kind,
In Euern Mantel eingehüllt.—Was Ihr
Mir damals sagtet; was ich Euch: hab ich
Vergessen. Soviel weiß ich nur; ich nahm
Das Kind, trug's auf mein Lager, küßt' es, warf
Mich auf die Knie und schluchzte: Gott! auf Sieben
Doch nun schon Eines wieder!

Klosterbruder. Nathan! Nathan!
Ihr seid ein Christ!—Bei Gott, Ihr seid ein Christ!
Ein beßrer Christ war nie!

Nathan. Wohl uns! Denn was
Mich Euch zum Christen macht, das macht Euch mir
Zum Juden!—Aber laßt uns länger nicht
Einander nur erweichen. Hier braucht's Tat!
Und ob mich siebenfache Liebe schon
Bald an dies einz'ge fremde Mädchen band,
Ob der Gedanke mich schon tötet, daß
Ich meine sieben Söhn' in ihr aufs neue
Verlieren soll:—wenn sie von meinen Händen
Die Vorsicht wieder fordert,—ich gehorche!

Klosterbruder.
Nun vollends!—Eben das bedacht' ich mich
So viel, Euch anzuraten! Und so hat's
Euch Euer guter Geist schon angeraten!

Nathan.
Nur muß der erste beste mir sie nicht
Entreißen wollen!

Klosterbruder. Nein, gewiß nicht!

Nathan. Wer
Auf sie nicht größre Rechte hat, als ich,
Muß frühere zum mind'sten haben—

Klosterbruder. Freilich!

Nathan.
Die ihm Natur und Blut erteilen.

Klosterbruder. So
Mein ich es auch!

Nathan. Drum nennt mir nur geschwind
Den Mann, der ihr als Bruder oder Ohm,
Als Vetter oder sonst als Sipp' verwandt.—
Ihm will ich sie nicht vorenthalten—Sie,
Die jedes Hauses, jedes Glaubens Zierde
Zu sein erschaffen und erzogen ward.—
Ich hoff, Ihr wißt von diesem Euern Herrn
Und dem Geschlechte dessen, mehr als ich.

Klosterbruder.
Das, guter Nathan, wohl nun schwerlich!—Denn
Ihr habt ja schon gehört, daß ich nur gar
Zu kurze Zeit bei ihm gewesen.

Nathan. Wißt
Ihr denn nicht wenigstens, was für Geschlechts
Die Mutter war?—War sie nicht eine Stauffin?

Klosterbruder.
Wohl möglich!—Ja, mich dünkt.

Nathan. Hieß nicht ihr Bruder
Conrad von Stauffen?—und war Tempelherr?

Klosterbruder.
Wenn mich's nicht trügt. Doch halt! Da fällt mir ein,
Daß ich vom sel'gen Herrn ein Büchelchen

Noch hab. Ich zog's ihm aus dem Busen, als
Wir ihn bei Askalon verscharrten.

Nathan. Nun?

Klosterbruder.
Es sind Gebete drin. Wir nennen's ein
Brevier.—Das, dacht' ich, kann ein Christenmensch
Ja wohl noch brauchen.—Ich nun freilich nicht
Ich kann nicht lesen—

Nathan. Tut nichts!—Nur zur Sache.

Klosterbruder.
In diesem Büchelchen stehn vorn und hinten,
Wie ich mir sagen lassen, mit des Herrn
Selbsteigner Hand, die Angehörigen
Von ihm und ihr geschrieben.

Nathan. O erwünscht!
Geht! lauft! holt mir das Büchelchen. Geschwind!
Ich bin bereit mit Gold es aufzuwiegen;
Und tausend Dank dazu! Eilt! lauft!

Klosterbruder. Recht gern!
Es ist Arabisch aber, was der Herr
Hineingeschrieben. (Ab.)

Nathan. Einerlei! Nur her!—
Gott! wenn ich doch das Mädchen noch behalten,
Und einen solchen Eidam mir damit
Erkaufen könnte!—Schwerlich wohl!—Nun, fall'
Es aus, wie's will!—Wer mag es aber denn
Gewesen sein, der bei dem Patriarchen
So etwas angebracht? Das muß ich doch
Zu fragen nicht vergessen.—Wenn es gar
Von Daja käme?

Achter Auftritt

Daja und Nathan.

Daja (eilig und verlegen).
Denkt doch, Nathan!

Nathan. Nun?

Daja.
Das arme Kind erschrak wohl recht darüber!
Da schickt...

Nathan. Der Patriarch?

Daja. Des Sultans Schwester,
Prinzessin Sittah...

Nathan. Nicht der Patriarch?

Daja.
Nein, Sittah!—Hört Ihr nicht!—Prinzessin Sittah
Schickt her, und läßt sie zu sich holen?

Nathan. Wen?
Läßt Recha holen?—Sittah läßt sie holen?—
Nun; wenn sie Sittah holen läßt, und nicht
Der Patriarch...

Daja. Wie kommt Ihr denn auf den?

Nathan.
So hast du kürzlich nichts von ihm gehört?
Gewiß nicht? Auch ihm nichts gesteckt?

Daja. Ich? ihm?

Nathan.
Wo sind die Boten?

Daja. Vorn.

Nathan. Ich will sie doch
Aus Vorsicht selber sprechen. Komm!—Wenn nur
Vom Patriarchen nichts dahintersteckt. (Ab.)

Daja.
Und ich—ich fürchte ganz was anders noch.
Was gilt's? die einzige vermeinte Tochter
So eines reichen Juden wär' auch wohl
Für einen Muselmann nicht übel?—Hui,
Der Tempelherr ist drum. Ist drum: wenn ich
Den zweiten Schritt nicht auch noch wage; nicht
Auch ihr noch selbst entdecke, wer sie ist!—
Getrost! Laß mich den ersten Augenblick,
Den ich allein sie habe, dazu brauchen!
Und der wird sein—vielleicht nun eben, wenn
Ich sie begleite. So ein erster Wink
Kann unterwegens wenigstens nicht schaden.
Ja, ja! Nur zu! Itzt oder nie! Nur zu! (Ihm nach.)

Fünfter Aufzug

Erster Auftritt

(Szene: das Zimmer in Saladins Palaste, in welches die Beutel mit
Geld getragen worden, die noch zu sehen.)

Saladin und bald darauf verschiedne Mamelucken.

Saladin (im Hereintreten).
Da steht das Geld nun noch! Und niemand weiß
Den Derwisch aufzufinden, der vermutlich
Ans Schachbrett irgendwo geraten ist,
Das ihn wohl seiner selbst vergessen macht;—
Warum nicht meiner?—Nun, Geduld! Was gibt's?

Ein Mameluck.
Erwünschte Nachricht, Sultan! Freude, Sultan! ...
Die Karawane von Kahira kommt,
Ist glücklich da! mit siebenjährigem
Tribut des reichen Nils.

Saladin. Brav, Ibrahim!
Du bist mir wahrlich ein willkommner Bote!—
Ha! endlich einmal! endlich!—Habe Dank
Der guten Zeitung.

Der Mameluck (wartend). (Nun? nur her damit!)

Saladin.
Was wartst du?—Geh nur wieder.

Der Mameluck. Dem Willkommnen
Sonst nichts?

Saladin. Was denn noch sonst?

Der Mameluck. Dem guten Boten
Kein Botenbrot?—So wär' ich ja der erste,
Den Saladin mit Worten abzulehnen
Doch endlich lernte?—Auch ein Ruhm!—der erste,
Mit dem er knickerte.

Saladin. So nimm dir nur
Dort einen Beutel.

Der Mameluck. Nein, nun nicht! Du kannst
Mir sie nun alle schenken wollen.

Saladin. Trotz!—
Komm her! Da hast du zwei.—Im Ernst? er geht?
Tut mir's an Edelmut zuvor?—Denn sicher
Muß ihm es saurer werden, auszuschlagen,
Als mir zu geben.—Ibrahim!—Was kommt
Mir denn auch ein, so kurz vor meinem Abtritt

Auf einmal ganz ein andrer sein zu wollen?—
Will Saladin als Saladin nicht sterben?—
So mußt' er auch als Saladin nicht leben.

Ein zweiter Mameluck.
Nun, Sultan!...

Saladin. Wenn du mir zu melden kommst...

Zweiter Mameluck.
Daß aus Ägypten der Transport nun da!

Saladin.
Ich weiß schon.

Zweiter Mameluck. Kam ich doch zu spät!

Saladin. Warum
Zu spät?—Da nimm für deinen guten Willen
Der Beutel einen oder zwei.

Zweiter Mameluck. Macht drei!

Saladin.
Ja, wenn du rechnen kannst!—So nimm sie nur.

Zweiter Mameluck.
Es wird wohl noch ein Dritter kommen,—wenn
Er anders kommen kann.

Saladin. Wie das?

Zweiter Mameluck. Je nu;
Er hat auch wohl den Hals gebrochen! Denn
Sobald wir drei der Ankunft des Transports
Versichert waren, sprengte jeder frisch
Davon. Der Vorderste, der stürzt'; und so
Komm ich nun vor, und bleib auch vor bis in
Die Stadt; wo aber Ibrahim, der Lecker,
Die Gassen besser kennt.

Saladin. Oh, der gestürzte!
Freund, der gestürzte!—Reit ihm doch entgegen.

Zweiter Mameluck.
Das werd ich ja wohl tun!—Und wenn er lebt:
So ist die Hälfte dieser Beutel sein. (Geht ab.)

Saladin.
Sieh, welch ein guter, edler Kerl auch das!—
Wer kann sich solcher Mamelucken rühmen?
Und wär' mir denn zu denken nicht erlaubt,
Daß sie mein Beispiel bilden helfen?—Fort
Mit dem Gedanken, sie zu guter Letzt
Noch an ein anders zu gewöhnen!...

Ein dritter Mameluck. Sultan....

Saladin.
Bist du's, der stürzte?

Dritter Mameluck. Nein. Ich melde nur,—
Daß Emir Mansor, der die Karawane
Geführt, vom Pferde steigt...

Saladin. Bring ihn! geschwind!—
Da ist er ja!—

Zweiter Auftritt

Emir Mansor und Saladin.

Saladin. Willkommen, Emir! Nun,
Wie ist's gegangen?—Mansor, Mansor, hast
Uns lange warten lassen!

Mansor. Dieser Brief
Berichtet, was dein Abulkassem erst
Für Unruh' in Thebais dämpfen müssen:

154

Eh, wir es wagen durften abzugehen.
Den Zug darauf hab ich beschleuniget
Soviel, wie möglich war.

Saladin. Ich glaube dir!
Und nimm nur, guter Mansor, nimm sogleich...
Du tust es aber doch auch gern?... nimm frische
Bedeckung nur sogleich. Du mußt sogleich
Noch weiter; mußt der Gelder größern Teil
Auf Libanon zum Vater bringen.

Mansor. Gern!
Sehr gern!

Saladin. Und nimm dir die Bedeckung ja
Nur nicht zu schwach. Es ist um Libanon
Nicht alles mehr so sicher. Hast du nicht
Gehört? Die Tempelherrn sind wieder rege.
Sei wohl auf deiner Hut!—Komm nur! Wo hält
Der Zug? Ich will ihn sehn; und alles selbst
Betreiben.—Ihr! ich bin sodann bei Sittah.

Dritter Auftritt

Szene: die Palmen vor Nathans Hause, wo der Tempelherr auf- und
niedergeht.

Ins Haus nun will ich einmal nicht.—Er wird
Sich endlich doch wohl sehen lassen!—Man
Bemerkte mich ja sonst so bald, so gern!—
Will's noch erleben, daß er sich's verbittet,
Vor seinem Hause mich so fleißig finden
Zu lassen.—Hm!—ich bin doch aber auch
Sehr ärgerlich.—Was hat mich denn nun so
Erbittert gegen ihn?—Er sagte ja:
Noch schlüg' er mir nichts ab. Und Saladin

Hat's über sich genommen, ihn zu stimmen.—
Wie? sollte wirklich wohl in mir der Christ
Noch tiefer nisten, als in ihm der Jude?—
Wer kennt sich recht? Wie könnt' ich ihm denn sonst
Den kleinen Raub nicht gönnen wollen, den
Er sich's zu solcher Angelegenheit
Gemacht, den Christen abzujagen?—Freilich;
Kein kleiner Raub, ein solch Geschöpf!—Geschöpf?
Und wessen?—Doch des Sklaven nicht, der auf
Des Lebens öden Strand den Block geflößt,
Und sich davongemacht? Des Künstlers doch
Wohl mehr, der in dem hingeworfnen Blocke
Die göttliche Gestalt sich dachte, die
Er dargestellt?—Ach! Rechas wahrer Vater
Bleibt, trotz dem Christen, der sie zeugte,—bleibt
In Ewigkeit der Jude.—Wenn ich mir
Sie lediglich als Christendirne denke,
Sie sonder alles das mir denke, was
Allein ihr so ein Jude geben konnte:—
Sprich, Herz,—was wär' an ihr, das dir gefiel?
Nichts! Wenig! Selbst ihr Lächeln, wär' es nichts
Als sanfte schöne Zuckung ihrer Muskeln;
Wär', was sie lächeln macht, des Reizes unwert,
In den es sich auf ihrem Munde kleidet:—
Nein; selbst ihr Lächeln nicht! Ich hab es ja
Wohl schöner noch an Aberwitz, an Tand,
An Höhnerei, an Schmeichler und an Buhler
Verschwenden sehn!—Hat's da mich auch bezaubert?
Hat's da mir auch den Wunsch entlockt, mein Leben
In seinem Sonnenscheine zu verflattern?—
Ich wüßte nicht. Und bin auf den doch launisch,
Der diesen höhern Wert allein ihr gab?
Wie das? warum?—Wenn ich den Spott verdiente,
Mit dem mich Saladin entließ! Schon schlimm

Genug, daß Saladin es glauben konnte!
Wie klein ich ihm da scheinen mußte! wie
Verächtlich!—Und das alles um ein Mädchen?—
Curd! Curd! das geht so nicht. Lenk ein! Wenn vollends
Mir Daja nur was vorgeplaudert hätte,
Was schwerlich zu erweisen stünde?—Sieh,
Da tritt er endlich, im Gespräch vertieft,
Aus seinem Hause!—Ha! mit wem!—Mit ihm?
Mit meinem Klosterbruder?—Ha! so weiß
Er sicherlich schon alles! ist wohl gar
Dem Patriarchen schon verraten!—Ha!
Was hab ich Querkopf nun gestiftet!—Daß
Ein einz'ger Funken dieser Leidenschaft
Doch unsers Hirns so viel verbrennen kann!—
Geschwind entschließ dich, was nunmehr zu tun!
Ich will hier seitwärts ihrer warten;—ob
Vielleicht der Klosterbruder ihn verläßt.

Vierter Auftritt

Nathan und der Klosterbruder.

Nathan (im Näherkommen).
Habt nochmals, guter Bruder, vielen Dank!

Klosterbruder.
Und Ihr desgleichen!

Nathan. Ich? von Euch? wofür?
Für meinen Eigensinn, Euch aufzudrängen,
Was Ihr nicht braucht?—Ja, wenn ihm Eurer nur
Auch nachgegeben hätt'; Ihr mit Gewalt
Nicht wolltet reicher sein, als ich.

Klosterbruder. Das Buch
Gehört ja ohnedem nicht mir; gehört

Ja ohnedem der Tochter; ist ja so
Der Tochter ganzes väterliches Erbe.
Je nu, sie hat ja Euch.—Gott gebe nur,
Daß Ihr es nie bereuen dürft, so viel
Für sie getan zu haben!

Nathan. Kann ich das?
Das kann ich nie. Seid unbesorgt!

Klosterbruder. Nu, nu!
Die Patriarchen und die Tempelherren...

Nathan.
Vermögen mir des Bösen nie so viel
Zu tun, daß irgend was mich reuen könnte:
Geschweige, das!—Und seid Ihr denn so ganz
Versichert, daß ein Tempelherr es ist,
Der Euern Patriarchen hetzt?

Klosterbruder. Es kann
Beinah kein andrer sein. Ein Tempelherr
Sprach kurz vorher mit ihm; und was ich hörte,
Das klang darnach.

Nathan. Es ist doch aber nur
Ein einziger itzt in Jerusalem.
Und diesen kenn ich. Dieser ist mein Freund.
Ein junger, edler, offner Mann!

Klosterbruder. Ganz recht;
Der nämliche!—Doch was man ist, und was
Man sein muß in der Welt, das paßt ja wohl
Nicht immer.

Nathan. Leider nicht.—So tue, wer's
Auch immer ist, sein Schlimmstes oder Bestes!
Mit Euerm Buche, Bruder, trotz ich allen;
Und gehe graden Wegs damit zum Sultan.

Klosterbruder.
Viel Glücks! Ich will Euch denn nur hier verlassen.

Nathan.
Und habt sie nicht einmal gesehn?—Kommt ja
Doch bald, doch fleißig wieder.—Wenn nur heut
Der Patriarch noch nichts erfährt!—Doch was?
Sagt ihm auch heute, was Ihr wollt.

Klosterbruder. Ich nicht.
Lebt wohl! (Geht ab.)

Nathan. Vergeßt uns ja nicht, Bruder!—Gott!
Daß ich nicht hier gleich unter freiem Himmel
Auf meine Kniee sinken kann! Wie sich
Der Knoten, der so oft mir bange machte,
Nun von sich selber löset!—Gott! wie leicht
Mir wird, daß ich nun weiter auf der Welt
Nichts zu verbergen habe! daß ich vor
Den Menschen nun so frei kann wandeln, als
Vor dir, der du allein den Menschen nicht
Nach seinen Taten brauchst zu richten, die
So selten seine Taten sind, o Gott!—

Fünfter Auftritt

Nathan und der Tempelherr, der von der Seite auf ihn zukommt.

Tempelherr.
He! wartet, Nathan; nehmt mich mit!

Nathan. Wer ruft?—
Seid Ihr es, Ritter? Wo gewesen, daß
Ihr bei dem Sultan Euch nicht treffen lassen?

Tempelherr.
Wir sind einander fehlgegangen. Nehmt's
Nicht übel.

Nathan. Ich nicht; aber Saladin...

Tempelherr.
Ihr wart nur eben fort...

Nathan. Und spracht ihn doch?
Nun, so ist's gut.

Tempelherr. Er will uns aber beide
Zusammen sprechen.

Nathan. Desto besser. Kommt
Nur mit. Mein Gang stand ohnehin zu ihm.

Tempelherr.
Ich darf ja doch wohl fragen, Nathan, wer
Euch da verließ?

Nathan. Ihr kennt ihn doch wohl nicht?

Tempelherr.
War's nicht die gute Haut, der Laienbruder,
Des sich der Patriarch so gern zum Stöber
Bedient?

Nathan. Kann sein! Beim Patriarchen ist
Er allerdings.

Tempelherr. Der Pfiff ist gar nicht übel:
Die Einfalt vor der Schurkerei voraus-
Zuschicken.

Nathan. Ja, die dumme;—nicht die fromme.

Tempelherr.
An fromme glaubt kein Patriarch.

Nathan. Für den
Nun steh ich. Der wird seinem Patriarchen
Nichts Ungebührliches vollziehen helfen.

Tempelherr.
So stellt er wenigstens sich an.—Doch hat
Er Euch von mir denn nichts gesagt?

Nathan. Von Euch?
Von Euch nun namentlich wohl nichts.—Er weiß
Ja wohl auch schwerlich Euern Namen?

Tempelherr. Schwerlich.

Nathan.
Von einem Tempelherren freilich hat
Er mir gesagt...

Tempelherr. Und was?

Nathan. Womit er Euch
Doch ein für allemal nicht meinen kann!

Tempelherr.
Wer weiß? Laßt doch nur hören.

Nathan. Daß mich einer
Bei seinem Patriarchen angeklagt...

Tempelherr.
Euch angeklagt?—Das ist, mit seiner Gunst—
Erlogen.—Hört mich, Nathan!—Ich bin nicht
Der Mensch, der irgend etwas abzuleugnen
Imstande wäre. Was ich tat, das tat ich!
Doch bin ich auch nicht der, der alles, was
Er tat, als wohlgetan verteid'gen möchte.
Was sollt' ich eines Fehls mich schämen? Hab
Ich nicht den festen Vorsatz ihn zu bessern?
Und weiß ich etwa nicht, wie weit mit dem

Es Menschen bringen können?—Hört mich, Nathan!—
Ich bin des Laienbruders Tempelherr,
Der Euch verklagt soll haben, allerdings.—
Ihr wißt ja, was mich wurmisch machte! was
Mein Blut in allen Adern sieden machte!
Ich Gauch!—ich kam, so ganz mit Leib und Seel'
Euch in die Arme mich zu werfen. Wie
Ihr mich empfingt—wie kalt—wie lau—denn lau
Ist schlimmer noch als kalt; wie abgemessen
Mir auszubeugen Ihr beflissen wart;
Mit welchen aus der Luft gegriffnen Fragen
Ihr Antwort mir zu geben scheinen wolltet:
Das darf ich kaum mir itzt noch denken, wenn
Ich soll gelassen bleiben.—Hört mich, Nathan!—
In dieser Gärung schlich mir Daja nach,
Und warf mir ihr Geheimnis an den Kopf
Das mir den Aufschluß Euers rätselhaften
Betragens zu enthalten schien.

Nathan. Wie das?

Tempelherr.
Hört mich nur aus!—Ich bildete mir ein,
Ihr wolltet, was Ihr einmal nun den Christen
So abgejagt, an einen Christen wieder
Nicht gern verlieren. Und so fiel mir ein,
Euch kurz und gut das Messer an die Kehle
Zu setzen.

Nathan. Kurz und gut? und gut?—Wo steckt
Das Gute?

Tempelherr. Hört mich, Nathan!—Allerdings:
Ich tat nicht recht!—Ihr seid wohl gar nicht schuldig.—
Die Närrin Daja weiß nicht was sie spricht—
Ist Euch gehässig—sucht Euch nur damit

In einen bösen Handel zu verwickeln—
Kann sein! kann sein!—Ich bin ein junger Laffe,
Der immer nur an beiden Enden schwärmt;
Bald viel zuviel, bald viel zuwenig tut—
Auch das kann sein! Verzeiht mir, Nathan.

Nathan. Wenn
Ihr so mich freilich fasset—

Tempelherr. Kurz, ich ging
Zum Patriarchen!—hab Euch aber nicht
Genannt. Das ist erlogen, wie gesagt!
Ich hab ihm bloß den Fall ganz allgemein
Erzählt, um seine Meinung zu vernehmen.—
Auch das hätt' unterbleiben können: ja doch!—
Denn kannt' ich nicht den Patriarchen schon
Als einen Schurken? Konnt' ich Euch nicht selber
Nur gleich zur Rede stellen?—Mußt' ich der
Gefahr, so einen Vater zu verlieren,
Das arme Mädchen opfern?—Nun, was tut's?
Die Schurkerei des Patriarchen, die
So ähnlich immer sich erhält, hat mich
Des nächsten Weges wieder zu mir selbst
Gebracht.—Denn hört mich, Nathan; hört mich aus!
Gesetzt; er wüßt' auch Euern Namen: was
Nun mehr, was mehr?—Er kann Euch ja das Mädchen
Nur nehmen, wenn sie niemands ist, als Euer.
Er kann sie doch aus Euerm Hause nur
Ins Kloster schleppen.—Also—gebt sie mir!
Gebt sie nur mir; und laßt ihn kommen. Ha!
Er soll's wohl bleibenlassen, mir mein Weib
Zu nehmen.—Gebt sie mir; geschwind!—Sie sei
Nun Eure Tochter, oder sei es nicht!
Sei Christin, oder Jüdin, oder keines!
Gleichviel! gleichviel! Ich werd Euch weder itzt

Noch jemals sonst in meinem ganzen Leben
Darum befragen. Sei, wie's sei!

Nathan. Ihr wähnt
Wohl gar, daß mir die Wahrheit zu verbergen
Sehr nötig?

Tempelherr. Sei, wie's sei!

Nathan. Ich hab es ja
Euch—oder wem es sonst zu wissen ziemt—
Noch nicht geleugnet, daß sie eine Christin,
Und nichts als meine Pflegetochter ist.—
Warum ich's aber ihr noch nicht entdeckt?—
Darüber brauch ich nur bei ihr mich zu
Entschuldigen.

Tempelherr. Das sollt Ihr auch bei ihr
Nicht brauchen.—Gönnt's ihr doch, daß sie Euch nie
Mit andern Augen darf betrachten! Spart
Ihr die Entdeckung doch!—Noch habt Ihr ja,
Ihr ganz allein, mit ihr zu schalten. Gebt
Sie mir! Ich bitt Euch, Nathan; gebt sie mir!
Ich bin's allein, der sie zum zweiten Male
Euch retten kann—und will.

Nathan. Ja—konnte! konnte!
Nun auch nicht mehr. Es ist damit zu spät.

Tempelherr.
Wieso? zu spät?

Nathan. Dank sei dem Patriarchen...

Tempelherr.
Dem Patriarchen? Dank? ihm Dank? wofür?
Dank hätte der bei uns verdienen wollen?
Wofür? wofür?

Nathan. Daß wir nun wissen, wem
Sie unverwandt; nun wissen, wessen Händen
Sie sicher ausgeliefert werden kann.

Tempelherr.
Das dank' ihm—wer für mehr ihm danken wird!

Nathan.
Aus diesen müßt Ihr sie nun auch erhalten;
Und nicht aus meinen.

Tempelherr. Arme Recha! Was
Dir alles zustößt, arme Recha! Was
Ein Glück für andre Waisen wäre, wird
Dein Unglück!—Nathan!—Und wo sind sie, diese
Verwandte?

Nathan. Wo sie sind?

Tempelherr. Und wer sie sind?

Nathan.
Besonders hat ein Bruder sich gefunden,
Bei dem Ihr um sie werben müßt.

Tempelherr. Ein Bruder?
Was ist er, dieser Bruder? Ein Soldat?
Ein Geistlicher?—Laßt hören, was ich mir
Versprechen darf.

Nathan. Ich glaube, daß er keines
Von beiden—oder beides ist. Ich kenn
Ihn noch nicht recht.

Tempelherr. Und sonst?

Nathan. Ein braver Mann
Bei dem sich Recha gar nicht übel wird
Befinden.

Tempelherr. Doch ein Christ!—Ich weiß zuzeiten
Auch gar nicht, was ich von Euch denken soll:—
Nehmt mir's nicht ungut, Nathan.—Wird sie nicht
Die Christin spielen müssen, unter Christen?
Und wird sie, was sie lange g'nug gespielt,
Nicht endlich werden? Wird den lautern Weizen,
Den Ihr gesät, das Unkraut endlich nicht
Ersticken?—Und das kümmert Euch so wenig?
Dem ungeachtet könnt Ihr sagen—Ihr?
Daß sie bei ihrem Bruder sich nicht übel
Befinden werde?

Nathan. Denk ich! hoff ich!—Wenn
Ihr ja bei ihm was mangeln sollte, hat
Sie Euch und mich denn nicht noch immer?—

Tempelherr. Oh!
Was wird bei ihm ihr mangeln können! Wird
Das Brüderchen mit Essen und mit Kleidung,
Mit Naschwerk und mit Putz, das Schwesterchen
Nicht reichlich g'nug versorgen? Und was braucht
Ein Schwesterchen denn mehr?—Ei freilich: auch
Noch einen Mann!—Nun, nun, auch den, auch den
Wird ihr das Brüderchen zu seiner Zeit
Schon schaffen; wie er immer nur zu finden!
Der Christlichste der Beste!—Nathan, Nathan!
Welch einen Engel hattet Ihr gebildet,
Den Euch nun andre so verhunzen werden!

Nathan.
Hat keine Not! Er wird sich unsrer Liebe
Noch immer wert genug behaupten.

Tempelherr. Sagt
Das nicht! Von meiner Liebe sagt das nicht!
Denn die läßt nichts sich unterschlagen; nichts.

Es sei auch noch so klein! Auch keinen Namen!
Doch halt!—Argwohnt sie wohl bereits, was mit
Ihr vorgeht?

Nathan. Möglich; ob ich schon nicht wüßte,
Woher?

Tempelherr. Auch eben viel; sie soll—sie muß
In beiden Fällen, was ihr Schicksal droht,
Von mir zuerst erfahren. Mein Gedanke,
Sie eher wieder nicht zu sehn, zu sprechen,
Als bis ich sie die Meine nennen dürfe,
Fällt weg. Ich eile...

Nathan. Bleibt! wohin?

Tempelherr. Zu ihr!
Zu sehn, ob diese Mädchenseele Manns genug
Wohl ist, den einzigen Entschluß zu fassen,
Der ihrer würdig wäre!

Nathan. Welchen?

Tempelherr. Den:
Nach Euch und ihrem Bruder weiter nicht
Zu fragen—

Nathan. Und?

Tempelherr. Und mir zu folgen;—wenn
Sie drüber eines Muselmannes Frau
Auch werden müßte.

Nathan. Bleibt! Ihr trefft sie nicht.
Sie ist bei Sittah, bei des Sultans Schwester.

Tempelherr.
Seit wenn? warum?

Nathan. Und wollt Ihr da bei ihnen
Zugleich den Bruder finden: kommt nur mit.

Tempelherr.
Den Bruder? welchen? Sittahs oder Rechas?

Nathan.
Leicht beide. Kommt nur mit! Ich bitt Euch, kommt!

(Er führt ihn fort.)

Sechster Auftritt

(Szene: in Sittahs Harem.)

Sittah und Recha in Unterhaltung begriffen.

Sittah.
Was freu ich mich nicht deiner, süßes Mädchen!—
Sei so beklemmt nur nicht! so angst! so schüchtern!—
Sei munter! sei gesprächiger! vertrauter!

Recha.
Prinzessin....

Sittah. Nicht doch! nicht Prinzessin! Nenn
Mich Sittah,—deine Freundin,—deine Schwester.
Nenn mich dein Mütterchen!—Ich könnte das
Ja schier auch sein.—So jung! so klug! so fromm!
Was du nicht alles weißt! nicht alles mußt
Gelesen haben!

Recha. Ich gelesen?—Sittah,
Du spottest deiner kleinen albern Schwester.
Ich kann kaum lesen.

Sittah. Kannst kaum, Lügnerin!

Recha.
Ein wenig meines Vaters Hand!—Ich meinte,
Du sprächst von Büchern.

Sittah. Allerdings! von Büchern.

Recha.
Nun, Bücher wird mir wahrlich schwer zu lesen!

Sittah. Im Ernst?

Recha. In ganzem Ernst. Mein Vater liebt
Die kalte Buchgelehrsamkeit, die sich
Mit toten Zeichen ins Gehirn nur drückt,
Zu wenig.

Sittah. Ei, was sagst du!—Hat indes
Wohl nicht sehr unrecht!—Und so manches, was
Du weißt...?

Recha. Weiß ich allein aus seinem Munde
Und könnte bei dem meisten dir noch sagen,
Wie? wo? warum? er mich's gelehrt.

Sittah. So hängt
Sich freilich alles besser an. So lernt
Mit eins die ganze Seele.—

Recha. Sicher hat
Auch Sittah wenig oder nichts gelesen!

Sittah.
Wieso?—Ich bin nicht stolz aufs Gegenteil.
Allein wieso? Dein Grund! Sprich dreist. Dein Grund?

Recha.
Sie ist so schlecht und recht; so unverkünstelt;
So ganz sich selbst nur ähnlich...

Sittah. Nun?

Recha. Das sollen
Die Bücher uns nur selten lassen! sagt
Mein Vater.

Sittah. O was ist dein Vater für
Ein Mann!

Recha. Nicht wahr?

Sittah. Wie nah er immer doch
Zum Ziele trifft!

Recha. Nicht wahr?—Und diesen Vater—

Sittah.
Was ist dir, Liebe?

Recha. Diesen Vater—

Sittah. Gott!
Du weinst?

Recha. Und diesen Vater—Ah! es muß
Heraus! Mein Herz will Luft, will Luft...

(Wirft sich, von Tränen überwältiget, zu ihren Füßen.)

Sittah. Kind, was
Geschieht dir? Recha?

Recha. Diesen Vater soll—
Soll ich verlieren!

Sittah. Du? verlieren? ihn?
Wie das?—Sei ruhig!—Nimmermehr!—Steh auf!

Recha.
Du sollst vergebens dich zu meiner Freundin,
Zu meiner Schwester nicht erboten haben!

Sittah.
Ich bin's ja! bin's!—Steh doch nur auf! Ich muß
Sonst Hilfe rufen.

Recha (die sich ermannt und aufsteht).
Ah! verzeih! vergib!
Mein Schmerz hat mich vergessen machen, wer
Du bist. Vor Sittah gilt kein Winseln, kein
Verzweifeln. Kalte, ruhige Vernunft
Will alles über sie allein vermögen.
Wes Sache diese bei ihr führt, der siegt!

Sittah.
Nun dann?

Recha. Nein; meine Freundin, meine Schwester
Gibt das nicht zu! Gibt nimmer zu, daß mir
Ein andrer Vater aufgedrungen werde!

Sittah.
Ein andrer Vater? aufgedrungen? dir?
Wer kann das? kann das auch nur wollen, Liebe?

Recha.
Wer? Meine gute böse Daja kann
Das wollen,—will das können.—ja; du kennst
Wohl diese gute böse Daja nicht?
Nun, Gott vergeb' es ihr!—belohn' es ihr!
Sie hat mir so viel Gutes,—so viel Böses
Erwiesen!

Sittah. Böses dir?—So muß sie Gutes
Doch wahrlich wenig haben.

Recha. Doch! recht viel,
Recht viel!

Sittah. Wer ist sie?

Recha. Eine Christin, die
In meiner Kindheit mich gepflegt; mich so
Gepflegt!—Du glaubst nicht!—Die mir eine Mutter
So wenig missen lassen!—Gott vergelt'
Es ihr!—Die aber mich auch so geängstet!
Mich so gequält!

Sittah. Und über was? warum?
Wie?

Recha. Ach! die arme Frau—ich sag dir's ja
Ist eine Christin;—muß aus Liebe quälen;
Ist eine von den Schwärmerinnen, die
Den allgemeinen, einzig wahren Weg
Nach Gott zu wissen wähnen!

Sittah. Nun versteh ich!

Recha.
Und sich gedrungen fühlen, einen jeden,
Der dieses Wegs verfehlt, darauf zu lenken.—
Kaum können sie auch anders. Denn ist's wahr,
Daß dieser Weg allein nur richtig führt:
Wie sollen sie gelassen ihre Freunde
Auf einem andern wandeln sehn,—der ins
Verderben stürzt, ins ewige Verderben?
Es müßte möglich sein, denselben Menschen
Zur selben Zeit zu lieben und zu hassen.—
Auch ist's das nicht, was endlich laute Klagen
Mich über sie zu führen zwingt. Ihr Seufzen,
Ihr Warnen, ihr Gebet, ihr Drohen hätt'
Ich gern noch länger ausgehalten; gern!
Es brachte mich doch immer auf Gedanken,
Die gut und nützlich. Und wem schmeichelt's doch
Im Grunde nicht, sich gar so wert und teuer,
Von wem's auch sei, gehalten fühlen, daß

Er den Gedanken nicht ertragen kann,
Er müss' einmal auf ewig uns entbehren!

Sittah.
Sehr wahr!

Recha. Allein—allein—das geht zu weit!
Dem kann ich nichts entgegensetzen; nicht
Geduld, nicht Überlegung; nichts!

Sittah. Was? wem?

Recha.
Was sie mir eben itzt entdeckt will haben.

Sittah.
Entdeckt? und eben itzt?

Recha. Nur eben itzt!
Wir nahten, auf dem Weg hierher, uns einem
Verfallnen Christentempel. Plötzlich stand
Sie still; schien mit sich selbst zu kämpfen; blickte
Mit nassen Augen bald gen Himmel, bald
Auf mich. Komm, sprach sie endlich, laß uns hier
Durch diesen Tempel in die Richte gehn!
Sie geht; ich folg ihr, und mein Auge schweift
Mit Graus die wankenden Ruinen durch.
Nun steht sie wieder; und ich sehe mich
An den versunknen Stufen eines morschen
Altars mit ihr. Wie ward mir? als sie da
Mit heißen Tränen, mit gerungnen Händen
Zu meinen Füßen stürzte...

Sittah. Gutes Kind!

Recha.
Und bei der Göttlichen, die da wohl sonst
So manch Gebet erhört, so manches Wunder

Verrichtet habe, mich beschwor;—mit Blicken
Des wahren Mitleids mich beschwor, mich meiner
Doch zu erbarmen!—Wenigstens, ihr zu
Vergeben, wenn sie mir entdecken müsse,
Was ihre Kirch' auf mich für Anspruch habe.

Sittah.
(Unglückliche!—Es ahnte mir!)

Recha. Ich sei
Aus christlichem Geblüte; sei getauft;
Sei Nathans Tochter nicht; er nicht mein Vater!—
Gott! Gott! Er nicht mein Vater!—Sittah! Sittah!
Sieh mich aufs neu' zu deinen Füßen...

Sittah. Recha!
Nicht doch! steh auf!—Mein Bruder kömmt! steh auf!

Siebenter Auftritt

Saladin und die Vorigen.

Saladin.
Was gibt's hier, Sittah?

Sittah. Sie ist von sich! Gott!

Saladin.
Wer ist's?

Sittah. Du weißt ja...

Saladin. Unsers Nathans Tochter?
Was fehlt ihr?

Sittah. Komm doch zu dir, Kind!—Der Sultan...

Recha (die sich auf den Knien zu Saladins Füßen schleppt, den Kopf
zur Erde gesenkt).

Ich steh nicht auf! nicht eher auf!—mag eher
Des Sultans Antlitz nicht erblicken!—eher
Den Abglanz ewiger Gerechtigkeit
Und Güte nicht in seinen Augen, nicht
Auf seiner Stirn bewundern...

Saladin. Steh... steh auf!

Recha.
Eh' er mir nicht verspricht...

Saladin. Komm! ich verspreche...
Sei was es will!

Recha. Nicht mehr, nicht weniger,
Als meinen Vater mir zu lassen; und
Mich ihm!—Noch weiß ich nicht, wer sonst mein Vater
Zu sein verlangt;—verlangen kann. Will's auch
Nicht wissen. Aber macht denn nur das Blut
Den Vater? nur das Blut?

Saladin (der sie aufhebt).
Ich merke wohl!—
Wer war so grausam denn, dir selbst—dir selbst
Dergleichen in den Kopf zu setzen? Ist
Es denn schon völlig ausgemacht? erwiesen?

Recha.
Muß wohl! Denn Daja will von meiner Amm'
Es haben.

Saladin. Deiner Amme!

Recha. Die es sterbend
Ihr zu vertrauen sich verbunden fühlte.

Saladin.
Gar sterbend!—Nicht auch faselnd schon? Und wär's
Auch wahr!—Jawohl: das Blut, das Blut allein

Macht lange noch den Vater nicht! macht kaum
Den Vater eines Tieres! gibt zum höchsten
Das erste Recht, sich diesen Namen zu
Erwerben!—Laß dir doch nicht bange sein!
Und weißt du was? Sobald der Väter zwei
Sich um dich streiten:—laß sie beide; nimm
Den dritten!—Nimm dann mich zu deinem Vater!

Sittah.
O tu's! o tu's!

Saladin. Ich will ein guter Vater,
Recht guter Vater sein!—Doch halt! mir fällt
Noch viel was Bessers bei.—Was brauchst du denn
Der Väter überhaupt? Wenn sie nun sterben?
Beizeiten sich nach einem umgesehn,
Der mit uns um die Wette leben will!
Kennst du noch keinen?...

Sittah. Mach sie nicht erröten!

Saladin.
Das hab ich allerdings mir vorgesetzt.
Erröten macht die Häßlichen so schön:
Und sollte Schöne nicht noch schöner machen?—
Ich habe deinen Vater Nathan; und
Noch einen—einen noch hierher bestellt.
Errätst du ihn?—Hierher! Du wirst mir doch
Erlauben, Sittah?

Sittah. Bruder!

Saladin. Daß du ja
Vor ihm recht sehr errötest, liebes Mädchen!

Recha.
Vor wem? erröten?...

Saladin. Kleine Heuchlerin!
Nun, so erblasse lieber!—Wie du willst
Und kannst!—

(Eine Sklavin tritt herein und nahet sich Sittah.)

Sie sind doch etwa nicht schon da?

Sittah (zur Sklavin).
Gut! laß sie nur herein.—Sie sind es, Bruder!

Letzter Auftritt

Nathan und der Tempelherr zu den Vorigen.

Saladin.
Ah, meine guten lieben Freunde!—Dich,
Dich, Nathan, muß ich nur vor allen Dingen
Bedeuten, daß du nun, sobald du willst,
Dein Geld kannst wieder holen lassen!

Nathan. Sultan!

Saladin.
Nun steh ich auch zu deinen Diensten.

Nathan. Sultan!

Saladin.
Die Karawan' ist da. Ich bin so reich
Nun wieder, als ich lange nicht gewesen.
Komm, sag mir, was du brauchst, so recht was Großes
Zu unternehmen! Denn auch ihr, auch ihr,
Ihr Handelsleute, könnt des baren Geldes
Zuviel nie haben!

Nathan. Und warum zuerst
Von dieser Kleinigkeit?—Ich sehe dort
Ein Aug' in Tränen, das zu trocknen, mir

177

Weit angelegner ist. (Geht auf Recha zu.)
Du hast geweint?
Was fehlt dir?—bist doch meine Tochter noch?

Recha.
Mein Vater!...

Nathan. Wir verstehen uns. Genug!—
Sei heiter! Sei gefaßt! Wenn sonst dein Herz
Nur dein noch ist! Wenn deinem Herzen sonst
Nur kein Verlust nicht droht!—Dein Vater ist
Dir unverloren!

Recha. Keiner, keiner sonst!

Tempelherr.
Sonst keiner?—Nun! so hab ich mich betrogen.
Was man nicht zu verlieren fürchtet, hat
Man zu besitzen nie geglaubt, und nie
Gewünscht.—Recht wohl! recht wohl!—Das ändert, Nathan,
Das ändert alles!—Saladin, wir kamen
Auf dein Geheiß. Allein, ich hatte dich
Verleitet; itzt bemüh dich nur nicht weiter!

Saladin.
Wie gach nun wieder, junger Mann!—Soll alles
Dir denn entgegenkommen? Alles dich
Erraten?

Tempelherr. Nun du hörst ja! siehst ja, Sultan!

Saladin.
Ei wahrlich!—Schlimm genug, daß deiner Sache
Du nicht gewisser warst!

Tempelherr. So bin ich's nun.

Saladin.
Wer so auf irgendeine Wohltat trotzt,

Nimmt sie zurück. Was du gerettet, ist
Deswegen nicht dein Eigentum. Sonst wär'
Der Räuber, den sein Geiz ins Feuer jagt,
So gut ein Held wie du!

(Auf Recha zugehend, um sie dem Tempelherrn zuzuführen.)

Komm, liebes Mädchen,
Komm! Nimm's mit ihm nicht so genau. Denn wär'
Er anders; wär' er minder warm und stolz:
Er hätt' es bleibenlassen, dich zu retten.
Du mußt ihm eins fürs andre rechnen.—Komm!
Beschäm ihn! tu, was ihm zu tun geziemte!
Bekenn ihm deine Liebe! trage dich ihm an!
Und wenn er dich verschmäht; dir's je vergißt,
Wie ungleich mehr in diesem Schritte du
Für ihn getan, als er für dich... Was hat
Er denn für dich getan? Ein wenig sich
Beräuchern lassen! ist was Rechts!—so hat
Er meines Bruders, meines Assad, nichts!
So trägt er seine Larve, nicht sein Herz.
Komm, Liebe...

Sittah. Geh! geh, Liebe, geh! Es ist
Für deine Dankbarkeit noch immer wenig;
Noch immer nichts.

Nathan. Halt Saladin! halt Sittah!

Saladin.
Auch du?

Nathan. Hier hat noch einer mitzusprechen...

Saladin.
Wer leugnet das?—Unstreitig, Nathan, kömmt
So einem Pflegevater eine Stimme

Mit zu! Die erste, wenn du willst.—Du hörst,
Ich weiß der Sache ganze Lage.

Nathan. Nicht so ganz!—
Ich rede nicht von mir. Es ist ein andrer;
Weit, weit ein andrer, den ich, Saladin,
Doch auch vorher zu hören bitte.

Saladin.—Wer?

Nathan.
Ihr Bruder!

Saladin. Rechas Bruder?

Nathan. Ja!

Recha. Mein Bruder?
So hab ich einen Bruder?

Tempelherr (aus seiner wilden, stummen Zerstreuung auffahrend).
Wo? wo ist
Er, dieser Bruder? Noch nicht hier? Ich sollt'
Ihn hier ja treffen.

Nathan. Nur Geduld!

Tempelherr (äußerst bitter). Er hat
Ihr einen Vater aufgebunden:—wird
Er keinen Bruder für sie finden?

Saladin. Das
Hat noch gefehlt! Christ! ein so niedriger
Verdacht wär' über Assads Lippen nicht
Gekommen.—Gut! fahr nur so fort!

Nathan. Verzeih
Ihm!—Ich verzeih ihm gern.—Wer weiß, was wir
An seiner Stell', in seinem Alter dächten!
(Freundschaftlich auf ihn zugehend.)

Natürlich, Ritter!—Argwohn folgt auf Mißtraun!—
Wenn Ihr mich Eures wahren Namens gleich
Gewürdigt hättet...

Tempelherr. Wie?

Nathan. Ihr seid kein Stauffen!

Tempelherr.
Wer bin ich denn?

Nathan. Heißt Curd von Stauffen nicht!

Tempelherr.
Wie heiß ich denn?

Nathan. Heißt Leu von Filnek.

Tempelherr. Wie?

Nathan.
Ihr stutzt?

Tempelherr. Mit Recht! Wer sagt das?

Nathan. Ich; der mehr,
Noch mehr Euch sagen kann. Ich straf indes
Euch keiner Lüge.

Tempelherr. Nicht?

Nathan. Kann doch wohl sein,
Daß jener Nam' Euch ebenfalls gebührt.

Tempelherr.
Das sollt' ich meinen!—(Das hieß Gott ihn sprechen!)

Nathan.
Denn Eure Mutter—die war eine Stauffin.
Ihr Bruder, Euer Ohm, der Euch erzogen,
Dem Eure Eltern Euch in Deutschland ließen,
Als, von dem rauhen Himmel dort vertrieben,

Sie wieder hierzulande kamen:—Der
Hieß Curd von Stauffen; mag an Kindes Statt
Vielleicht Euch angenommen haben!—Seid
Ihr lange schon mit ihm nun auch herüber-
Gekommen? Und er lebt doch noch?

Tempelherr. Was soll
Ich sagen?—Nathan!—Allerdings! So ist's!
Er selbst ist tot. Ich kam erst mit der letzten
Verstärkung unsers Ordens.—Aber, aber—
Was hat mit diesem allen Rechas Bruder
Zu schaffen?

Nathan. Euer Vater...

Tempelherr. Wie? auch den
Habt Ihr gekannt? Auch den?

Nathan. Er war mein Freund.

Tempelherr.
War Euer Freund? Ist's möglich, Nathan!...

Nathan. Nannte
Sich Wolf von Filnek; aber war kein Deutscher...

Tempelherr.
Ihr wißt auch das?

Nathan. War einer Deutschen nur
Vermählt; war Eurer Mutter nur nach Deutschland
Auf kurze Zeit gefolgt...

Tempelherr. Nicht mehr! Ich bitt
Euch!—Aber Rechas Bruder? Rechas Bruder...

Nathan.
Seid Ihr!

Tempelherr. Ich? ich ihr Bruder?

182

Recha. Er mein Bruder?

Sittah.
Geschwister!

Saladin. Sie Geschwister!

Recha (will auf ihn zu). Ah! mein Bruder!

Tempelherr (tritt zurück).
Ihr Bruder!

Recha (hält an, und wendet sich zu Nathan).
Kann nicht sein! nicht sein! Sein Herz
Weiß nichts davon!—Wir sind Betrüger! Gott!

Saladin (zum Tempelherrn).
Betrüger? wie? Das denkst du? kannst du denken?
Betrüger selbst! Denn alles ist erlogen
An dir: Gesicht und Stimm' und Gang! Nichts dein!
So eine Schwester nicht erkennen wollen! Geh!

Tempelherr (sich demütig ihm nahend).
Mißdeut auch du nicht mein Erstaunen, Sultan!
Verkenn in einem Augenblick', in dem
Du schwerlich deinen Assad je gesehen,
Nicht ihn und mich! (Auf Nathan zueilend.)
Ihr nehmt und gebt mir, Nathan!
Mit vollen Händen beides!—Nein! Ihr gebt
Mir mehr, als Ihr mir nehmt! unendlich mehr!
(Recha um den Hals fallend.)
Ah! meine Schwester! meine Schwester!

Nathan. Blanda
Von Filnek.

Tempelherr. Blanda? Blanda?—Recha nicht?
Nicht Eure Recha mehr?—Gott! Ihr verstoßt
Sie! gebt ihr ihren Christennamen wieder!

183

Verstoßt sie meinetwegen!—Nathan! Nathan!
Warum es sie entgelten lassen? sie!

Nathan.
Und was?—O meine Kinder! meine Kinder!
Denn meiner Tochter Bruder wär' mein Kind
Nicht auch,—sobald er will?
(Indem er sich ihren Umarmungen überläßt, tritt Saladin mit unruhigem
Erstaunen zu seiner Schwester.)

Saladin. Was sagst du, Schwester?

Sittah.
Ich bin gerührt...

Saladin. Und ich,—ich schaudere
Vor einer größern Rührung fast zurück!
Bereite dich nur drauf, so gut du kannst.

Sittah.
Wie?

Saladin. Nathan, auf ein Wort! ein Wort!

(Indem Nathan zu ihm tritt, tritt Sittah zu dem Geschwister, ihm ihre
Teilnahme zu bezeigen; und Nathan und Saladin sprechen leiser.)

Hör! hör doch, Nathan! Sagtest du vorhin
Nicht—?

Nathan. Was?

Saladin. Aus Deutschland sei ihr Vater nicht
Gewesen; ein geborner Deutscher nicht.
Was war er denn? Wo war er sonst denn her?

Nathan.
Das hat er selbst mir nie vertrauen wollen.
Aus seinem Munde weiß ich nichts davon.

Saladin.
Und war auch sonst kein Frank? kein Abendländer?

Nathan.
Oh! daß er der nicht sei, gestand er wohl.
Er sprach am liebsten Persisch...

Saladin. Persisch? Persisch?
Was will ich mehr?—Er ist's! Er war es!

Nathan. Wer?

Saladin.
Mein Bruder! ganz gewiß! Mein Assad! ganz
Gewiß!

Nathan. Nun, wenn du selbst darauf verfällst:—
Nimm die Versichrung hier in diesem Buche!

(Ihm das Brevier überreichend.)

Saladin (es begierig aufschlagend).
Ah! seine Hand! Auch die erkenn ich wieder!

Nathan.
Noch wissen sie von nichts! Noch steht's bei dir
Allein, was sie davon erfahren sollen!

Saladin (indes er darin geblättert).
Ich meines Bruders Kinder nicht erkennen?
Ich meine Neffen—meine Kinder nicht?
Sie nicht erkennen? ich? Sie dir wohl lassen?
(Wieder laut.)
Sie sind's! Sie sind es, Sittah, sind's! Sie sind's!
Sind beide meines... deines Bruders Kinder!
(Er rennt in ihre Umarmungen.)

Sittah (ihm folgend).
Was hör ich!—Konnt's auch anders, anders sein!—

Saladin (zum Tempelherrn).
Nun mußt du doch wohl, Trotzkopf, mußt mich lieben!
(Zu Recha.)
Nun bin ich doch, wozu ich mich erbot?
Magst wollen, oder nicht!

Sittah. Ich auch! ich auch!

Saladin (zum Tempelherrn zurück).
Mein Sohn! mein Assad! meines Assads Sohn!

Tempelherr.
Ich deines Bluts!—So waren jene Träume,
Womit man meine Kindheit wiegte, doch—
Doch mehr als Träume!
(Ihm zu Füßen fallend.)

Saladin (ihn aufhebend).
Seht den Bösewicht!
Er wußte was davon, und konnte mich
Zu seinem Mörder machen wollen! Wart!

(Unter stummer Wiederholung allseitiger Umarmungen fällt der
Vorhang.)

Lightning Source UK Ltd.
Milton Keynes UK
HW050750240223
373UK00009B/318

9 783966 372992